PROFESSION
VENDEUR
AU DÉTAIL

Les Éditions Transcontinental inc.
1100, boul. René-Lévesque Ouest
24e étage
Montréal (Québec) H3B 4X9
Tél. : (514) 392-9000
1 800 361-5479
www.livres.transcontinental.ca

Les Éditions de la Fondation de l'entrepreneurship
55, rue Marie-de-l'Incarnation
Bureau 201
Québec (Québec) G1N 3E9
Tél. : (418) 646-1994, poste 222
1 800 661-2160, poste 222
www.entrepreneurship.qc.ca

La collection Entreprendre est une initiative conjointe de la Fondation de l'entrepreneurship et des
Éditions Transcontinental visant à répondre aux besoins des nouveaux et des futurs entrepreneurs.

Distribution au Canada
Les messageries ADP
2315, rue de la Province, Longueuil (Québec) J4G 1G4
Tél. : (450) 640-1234 ou 1 800 771-3022
adpcommercial@sogides.com

Catalogage avant publication (Canada)
Samson, Alain
Profession : vendeur au détail

(Collection Entreprendre)
Publ. antérieurement sous le titre: Profession, vendeur au détail.
Publ. à l'origine dans la coll.: Vendreplus.com
Publ. en collab. avec les Éditions de la Fondation de l'entrepreneurship.
Comprend des réf. bibliogr.

ISBN 2-89472-280-X

1. Vente. 2. Commerce de détail. 3. Consommateurs - Comportement. 4. Persuasion
(Psychologie). 5. Relations avec la clientèle. I. Titre. II. Titre: Profession, vendeur au détail.
III. Collection: Entreprendre (Montréal, Québec).

HF5438.25.S262 2005   658.85   C2005-941187-2

Révision : Mira Cliche
Correction : Geneviève Roquet
Photo de l'auteur : Paul Labelle, photographe
Conception graphique de la couverture et mise en pages : Studio Andrée Robillard

Imprimé au Canada
© Les Éditions Transcontinental inc. et Les Éditions de la Fondation de l'entrepreneurship, 2005
Dépôt légal — 3e trimestre 2005
Bibliothèque nationale du Québec
Bibliothèque nationale du Canada
ISBN 2-89472-280-X (Transcontinental)
ISBN 2-89521-081-0 (Fondation)

Nous reconnaissons, pour nos activités d'édition, l'aide financière du gouvernement du
Canada, par l'entremise du Programme d'aide au développement de l'industrie de l'édition
(PADIÉ), ainsi que celle du gouvernement du Québec (SODEC), par l'entremise du programme
Aide à la promotion.

Alain Samson

PROFESSION
VENDEUR
AU DÉTAIL

fondation de l'entrepreneurship

La **Fondation de l'entrepreneurship** s'est donné pour mission de promouvoir la culture entrepreneuriale, sous toutes ses formes d'expression, comme moyen privilégié pour assurer le plein développement économique et social de toutes les régions du Québec.

En plus de promouvoir la culture entrepreneuriale, elle assure un support à la création d'un environnement propice à son développement. Elle joue également un rôle de réseauteur auprès des principaux groupes d'intervenants et poursuit, en collaboration avec un grand nombre d'institutions et de chercheurs, un rôle de vigie sur les nouvelles tendances et les pratiques exemplaires en matière de sensibilisation, d'éducation et d'animation à l'entrepreneurship.

La Fondation de l'entrepreneurship s'acquitte de sa mission grâce à l'expertise et au soutien financier de plusieurs organisations. Elle rend un hommage particulier à ses **partenaires** :

ses **associés gouvernementaux** :

Québec 🟦🟦   Canadä

et remercie ses **gouverneurs** :

Raymond Chabot Grant Thornton  artopex

Table des matières

2

Introduction

Beaucoup de livres ont été écrits sur la vente, mais peu d'entre eux sont vraiment utiles pour le vendeur au détail, et ce pour diverses raisons. Dans cet ouvrage, nous avons essayé d'éviter les écueils habituels que voici.

Certains livres présentent une série de trucs sans expliquer pourquoi ceux-ci fonctionnent. Ils confèrent ainsi au vendeur le rôle d'apprenti sorcier qui doit tenter tant bien que mal d'appliquer ces trucs à toutes les situations. Au contraire, il vous faut savoir pourquoi un truc fonctionne : cela vous permet de l'appliquer judicieusement dans les situations appropriées.

Certains livres traitent de la vente en général et accordent une grande importance à la recherche de clients et à la prise de rendez-vous. Ces considérations sont inutiles au vendeur au détail, qui se trouve bien souvent dans la position inverse : ce sont les clients qui viennent à sa rencontre. Voilà une bonne raison de mettre l'accent sur ce qui fera de cette rencontre un succès.

D'autres ouvrages considèrent la conclusion d'une vente comme son élément clé. En conséquence, ils présentent une série de tactiques destinées à faire dire oui au client et négligent l'évaluation des besoins de ce dernier. La vente immédiate est alors préférée à l'établissement d'une relation à long terme, ce qui ne laisse pas le client complètement satisfait.

Certains auteurs misent uniquement sur l'enthousiasme. Leur dogme ? Si un vendeur croit suffisamment en son produit et cultive la pensée positive, il arrivera à vendre tout ce qu'il veut à ceux qui se présenteront à lui. Malheureusement, l'enthousiasme sans la technique qui l'alimente n'est qu'un feu de paille et, très rapidement, le vendeur se retrouve aussi démuni qu'avant.

• • •

Il existe deux types de vendeurs au détail : le premier agit comme une machine distributrice, tandis que le second se voit comme un entrepreneur soucieux de développer une clientèle fidèle. Ce volume s'adresse à ceux qui font partie, ou souhaitent faire partie, de la seconde catégorie. Pour vous aider à déterminer le groupe auquel vous appartenez, nous vous présentons ces deux profils.

La machine distributrice

Un client entre dans une quincaillerie et demande au premier vendeur qu'il rencontre où se trouve le barbecue soldé à 169 $ qu'il a vu dans le journal. Le vendeur l'amène au rayon des barbecues et lui montre le modèle. Le client décide qu'il le prend et il repart avec l'article.

Le vendeur vient de conclure une transaction, mais en réalité, une commande sur un site Web aurait tout aussi bien fait l'affaire. Rien ne dit que le client sera satisfait de son achat ou qu'il deviendra un habitué de cette quincaillerie. Une transaction a eu lieu, mais il n'y a pas vraiment eu de processus de vente.

Agissez-vous en machine distributrice? Pour le savoir, lisez les énoncés suivants.

- *Le vendeur-machine distributrice suppose que le client sait ce qu'il veut.* Pour cette raison, il ne pose pas de questions et donne au client ce qu'il demande, sans discuter.

- *Le vendeur-machine distributrice préfère présenter au client les articles en promotion et les produits bas de gamme.* Peu au fait de la valeur ajoutée des autres produits, il choisit généralement la facilité et vend la marchandise offrant la plus petite marge bénéficiaire.

- *Si on lui accorde une certaine marge de manœuvre quant aux prix, le vendeur-machine distributrice s'en servira souvent.* Il vendra rarement au prix indiqué sur les étiquettes.

- *Le vendeur-machine distributrice est persuadé, en son for intérieur, que les concurrents de l'entreprise offrent de meilleurs prix.* Ce sont les clients qui le lui ont dit.

- *S'il touche une commission, le vendeur-machine distributrice se plaint régulièrement:* l'entreprise ne lui offre pas de formation, ses promotions sont mal conçues et le patron ne communique pas avec lui.

- *S'il touche une commission, le vendeur-machine distributrice gagne tout juste ce qu'il lui faut pour subsister.* Ce n'est pas sans alimenter son ressentiment envers le patron qui, si l'on en croit le vendeur, «s'en met plein les poches».

- *Si on ne lui a pas assigné de tâches particulières à accomplir quand il n'y a pas de clients, le vendeur-machine distributrice cherche spontanément la compagnie de ses collègues*; ils discutent de leur fin de semaine, de leurs enfants et de ce qu'ils feront pendant leurs vacances.

Plus de 75 % des conseillers travaillant dans les commerces de détail agissent en machines distributrices. Ce ne sont pas eux qui font la vente ; c'est la publicité. C'est ce qui explique l'attitude de bien des clients à l'égard du commerce de détail.

Le vendeur-entrepreneur

Un client entre dans une quincaillerie et demande au premier vendeur qu'il rencontre où se trouve le barbecue soldé à 169 $ qu'il a vu dans le journal. Le vendeur l'amène au rayon des barbecues et lui montre le modèle en promotion avant de lui poser cette question :

« Mais dites-moi, vous prévoyez utiliser votre barbecue fréquemment ?

— Bien entendu. Pourquoi croyez-vous que je l'achète ? J'attends de la visite en fin de semaine et il faut que je sois prêt.

— Vous attendez beaucoup de monde ?

— Une dizaine de personnes. Et si vous voyiez les beaux steaks que j'ai achetés pour l'occasion…

— Dans ce cas, puis-je vous montrer un autre modèle ?

— Pourquoi ?

— La puissance de ce modèle en promotion n'est que de 25 000 BTU. Si vous recevez beaucoup de monde, vos invités ne pourront pas tous manger en même temps. Une bonne heure pourrait même s'écouler entre le repas des premiers convives et celui des derniers. Pour une cinquantaine de dollars de plus, vous pourriez obtenir un modèle

16

haute performance qui augmentera le plaisir de vos invités et assurera le succès de votre réception. Souhaitez-vous que je vous montre un autre modèle ? »

Quarante minutes plus tard, le client repart, enchanté. En plus de son barbecue de 40 000 BTU, il a fait l'acquisition d'une bonbonne de propane et d'un ensemble d'ustensiles qui le feront passer pour un cuisinier professionnel aux yeux de ses invités. Nous n'osons pas vous raconter la réaction du premier client quand il s'est rendu compte, devant ses invités, qu'il n'avait pas la bonbonne ni les ustensiles nécessaires pour utiliser l'appareil qu'il venait d'acheter.

Comment reconnaître un vendeur-entrepreneur ? Encore une fois, nous vous présentons une série d'énoncés qui vous aideront à y parvenir.

- *Le vendeur-entrepreneur s'assure de bien comprendre ce qui motive son client avant de lui proposer un produit.* De cette façon, il s'assure de proposer l'article le plus susceptible de satisfaire son vis-à-vis.

- *Le vendeur-entrepreneur n'hésite pas à offrir à son client des produits haut de gamme.* Son objectif n'est pas la vente rapide, mais bien la création d'une relation de confiance entre lui et le client. Ce comportement entraîne deux conséquences : il fidélise le client et augmente la marge bénéficiaire du commerce.

- *Le vendeur-entrepreneur ne joue pas au chat et à la souris avec ses clients.* Il s'efforce d'offrir les mêmes prix à tous et il lui arrive même de refuser de vendre un produit à un client qui ne respecte pas la nécessité pour l'entreprise de faire du profit.

- *Le vendeur-entrepreneur ne se fie pas aux ouï-dire quand vient le temps d'évaluer les concurrents.* Il consulte leurs publicités et se tient au courant de ce qui se passe chez ceux qui voudraient lui ravir ses clients.

- *Le vendeur-entrepreneur est à l'écoute des souhaits émis par la clientèle et s'assure de les communiquer à la direction.* De cette façon, il influence favorablement les communications commerciales de son employeur et augmente sa capacité de satisfaire les clients.

- *Quand il n'y a pas de clients dans le commerce, le vendeur-entrepreneur s'occupe de façon utile.* Il peaufine ses connaissances, s'assure de la satisfaction de ses clients, gère son fichier de clients et prépare ses futures ventes.

- *Bien qu'il ne soit pas le propriétaire du commerce, le vendeur-entrepreneur considère comme ses propres clients les personnes qu'il sert.* Sa clientèle lui tient à cœur et, en conséquence, il n'est pas rare de voir les clients le suivre s'il change d'employeur.

Seulement le quart des conseillers travaillant dans les commerces de détail agissent en vendeurs-entrepreneurs. Et pourtant, cette minorité empoche la moitié des commissions dans les commerces où les employés en touchent. Les vendeurs-entrepreneurs gagnent même souvent plus que leur patron.

La démarche adoptée dans ce livre

Ce livre a été conçu pour vous transformer en vendeur-entrepreneur. Si vous mettez en pratique ce qui suit, votre estime personnelle grandira, vos relations avec les clients s'amélioreront grandement, vous deviendrez indispensable à l'entreprise, vos revenus atteindront de nouveaux sommets et votre valeur sur le marché du travail sera décuplée.

Pour ce faire, vous n'aurez pas à investir d'argent. Après tout, votre employeur fournit déjà le local, le téléphone, les stocks et la publicité. Il ne vous reste qu'à investir les efforts nécessaires pour tirer le meilleur parti de tous ces éléments.

Pour vous aider dans votre démarche, nous avons divisé cet ouvrage en trois parties. La première présente les concepts de base. Vous y prendrez connaissance des obstacles pouvant vous empêcher de devenir un vendeur-entrepreneur, vous y découvrirez ce qui se passe dans la tête des clients et vous vous familiariserez avec les mécanismes qui leur donnent envie de pencher en votre faveur. Puisqu'elle constitue la base de ce livre et que nous y ferons référence dans les deux autres parties du volume, vous avez tout intérêt à lire cette partie en premier.

La deuxième partie explore le processus de la vente au détail. Vous y apprendrez, étape par étape, comment établir une relation durable avec vos clients, une relation bâtie sur l'assurance de leur satisfaction plutôt que sur les sacrifices reliés aux prix. Nous vous y présenterons ce qui distingue les vendeurs-machines distributrices des vendeurs-entrepreneurs.

La troisième partie vous offre les outils nécessaires pour prendre votre carrière en main et profiter au maximum des efforts investis. Le chapitre 12 vous présente une stratégie destinée à accroître votre clientèle et à transformer vos clients en ambassadeurs ravis de vous recommander à leurs amis. Le chapitre 13 vous permet de créer un programme personnel de formation grâce auquel vous atteindrez le statut de vendeur-entrepreneur. Le chapitre 14, finalement, fournit quelques pistes de réflexion sur votre carrière et vous aide à décider si votre patron actuel vous convient ou si vous en méritez un meilleur.

La vente au détail est une des professions les plus exaltantes qui soient. Elle vous permet d'utiliser tout votre potentiel humain, elle vous met chaque jour en contact avec des gens et elle vous incite à vous réaliser pleinement. Tout ce qui est requis en échange, c'est un petit effort. Que désirez-vous être dans cinq ans? Une machine distributrice ou un entrepreneur? La décision vous appartient.

Première partie

Les concepts de base

1 *Que se passe-t-il dans votre tête?*

De même que nous sommes souvent les artisans de notre malheur, nous pouvons, en modifiant la façon dont nous pensons, devenir les artisans de notre succès. Ce chapitre vise à vous faire prendre conscience des pensées que vous entretenez et qui constituent peut-être autant d'entraves à votre réussite.

Pour ce faire, nous avons préparé un questionnaire que nous vous encourageons à remplir avant de poursuivre votre lecture. À chaque énoncé, répondez par vrai ou par faux. Prenez tout votre temps pour répondre.

Si vous ne touchez pas de commissions, certaines questions ne s'appliqueront pas à votre situation; n'y répondez pas. Quand vous aurez terminé, continuez à lire ce chapitre qui risque d'ébranler plusieurs de vos convictions au sujet de la vente. Celui-ci reprend chacun des énoncés du questionnaire et explique en quoi ils peuvent être vrais ou faux.

Si vous le souhaitez, soumettez ce questionnaire à vos collègues de travail et évaluez si les réponses des meilleurs vendeurs sont très différentes de celles des autres. Nous avons maintes fois constaté que les meilleurs vendeurs au détail partagent une même façon de penser.

Quel type de vendeur êtes-vous ?

		VRAI	FAUX
1.	Je suis parfois gêné de dire que je suis un simple vendeur.	❏	❏
2.	Je suis angoissé à l'idée qu'un client me dise non.	❏	❏
3.	Je suis payé pour vendre, alors je ne fais rien d'autre dans l'entreprise.	❏	❏
4.	Les clients n'aiment pas acheter.	❏	❏
5.	L'entreprise ne nous offre pas assez de formation.	❏	❏
6.	Les clients ont une fixation : les prix.	❏	❏
7.	Les clients savent ce qu'ils veulent.	❏	❏
8.	Les clients préfèrent visiter en paix.	❏	❏
9.	Plus un article est vieux, moins il se vend.	❏	❏
10.	Dans mon domaine, les produits se valent à peu près tous.	❏	❏
11.	Être rémunéré à la commission m'empêcherait de dormir.	❏	❏
12.	À leur arrivée, les clients ont déjà en tête un prix maximal.	❏	❏
13.	Ça me gêne d'offrir nos programmes de financement à des clients.	❏	❏
14.	Le fait de toucher une commission nuit considérablement à ma crédibilité.	❏	❏
15.	J'aimerais bien trouver la routine de vente parfaite qui me permettrait de vendre à tous les clients.	❏	❏
16.	Ma stratégie consiste à faire de mes clients des amis.	❏	❏
17.	Personnellement, je n'achèterais pas la moitié de ce que nous offrons en magasin.	❏	❏
18.	Je fais ce métier en attendant de trouver mieux.	❏	❏
19.	J'aimerais bien monter dans la hiérarchie de l'entreprise et passer aux achats ou à la direction des ventes.	❏	❏
20.	Quand un client est décidé, je risque de perdre ma vente en lui suggérant de faire un achat complémentaire.	❏	❏

20 convictions à déboulonner

Avez-vous pris le temps de répondre à toutes les questions ? Si oui, il est maintenant temps de vérifier à quel point vos convictions collent à la réalité.

1. Je suis parfois gêné de dire que je suis un simple vendeur

Si vous avez répondu « vrai » à cette question, sachez que vous n'êtes pas seul à l'avoir fait. S'il est une profession qui a souvent été ridiculisée, c'est bien la vôtre. Combien de fois avez-vous entendu « Bon vendeur, bon menteur » ou toute autre expression semblable ? Bon nombre d'humoristes ont fait leurs choux gras des vendeurs en les prenant pour cibles.

Et pourtant, sans vendeurs, notre économie piquerait du nez ; ceux-là mêmes qui se plaisent à mettre en doute votre professionnalisme seraient les premiers à se plaindre de votre absence. Mais d'où vient cette attitude ? Que vous le croyiez ou non, ce sont les vendeurs eux-mêmes qui l'ont imposée aux consommateurs.

Alors que l'exercice de certaines professions (notaire, médecin, etc.) exige une formation et une accréditation professionnelle, il en va autrement dans le domaine de la vente. Aucun diplôme n'est requis pour accéder au titre de vendeur.

De plus, nombre de nouveaux vendeurs doivent malgré eux jouer les autodidactes. Laissés à eux-mêmes dès la première journée de travail par des patrons qui ont d'autres chats à fouetter, ils apprennent de façon autonome les ficelles du métier. Ils sont certes bien disposés et ambitionnent de devenir des spécialistes dans leur domaine, mais la première journée constitue pour eux un test terrible. Questionnés par des clients souvent bien informés, ils apprennent à improviser des réponses et se rendent compte qu'ils peuvent quand même vendre en jouant de finesse.

Du coup, ils réalisent qu'ils peuvent s'en tirer avec des efforts minimaux, pensent qu'ils sont doués pour le commerce et que, finalement, une formation spéciale ne sera pas nécessaire. Ils sont devenus des «preneurs de commandes» mais ils se considèrent comme des vendeurs accomplis. Il est cependant évident que les clients voient clair dans leur jeu, et c'est ainsi que naissent les jeux de mots et les anecdotes relatant les gaffes des vendeurs.

Pourtant, la vente au détail peut et doit être considérée comme une profession. Le vendeur-entrepreneur entretient une relation de consultant avec son client. Il commence par sonder les besoins de ce dernier avant de lui proposer une solution qui le satisfera. Mieux, il s'assure de la justesse de sa proposition en établissant une relation à long terme avec son client. C'est là le comportement qu'on attend d'un professionnel.

C'est votre comportement qui détermine si vous êtes ou non un professionnel. Les chapitres suivants regorgent donc de conseils qui vous aideront, le cas échéant, à modifier vos comportements actuels.

2. Je suis angoissé à l'idée qu'un client me dise non

Si vous avez répondu « vrai » à cette question, bienvenue dans le club ! Il a été établi que le principal obstacle à la vente réside non pas dans les réticences du client mais bien dans l'attitude du vendeur, lequel n'incite pas le consommateur à acheter de peur de se faire dire non.

D'où vient cette crainte ? Les experts ont décelé trois facteurs que nous vous présentons maintenant.

1. La première cause de la peur du rejet réside dans une mauvaise perception du mot *non*. Si vous confondez le *non* d'un client avec les expressions «je ne te fais pas confiance» ou «ton visage ne me revient pas», il est tout à fait normal que vous vous reteniez quand vient le temps de conclure votre vente. Personne n'aime se faire dire «je ne t'aime pas».

   Si c'est votre cas, vous devez réapprendre à aimer le mot *non*. Vous devez l'associer à un groupe de mots plus positifs, comme : «Votre proposition ne fait pas encore tout à fait mon affaire. Pouvez-vous continuer?»

2. La deuxième cause de la peur du rejet est la crainte des objections. Vous vous dites : «Si je lui demande d'acheter et qu'il me pose une question pour laquelle je n'ai pas de réponse, de quoi aurai-je l'air? Je ferais mieux de continuer à sourire et d'attendre sa confirmation.»

   Cette attitude peut indisposer le client qui a besoin de conseils pour se décider. Si vous ne lui en fournissez pas, il repartira insatisfait. Nous traiterons des réponses aux objections dans les chapitres 6 et 8.

3. La troisième cause de la peur du rejet est la sous-évaluation de la valeur de votre produit. Si vous n'avez pas l'impression de rendre service à votre client, vous éprouverez des réticences à pousser la vente. Nous traiterons de cet aspect aux chapitres 2 et 5.

3. Je suis payé pour vendre, alors je ne fais rien d'autre dans l'entreprise

Cette attitude est fréquente chez les vendeurs rémunérés à la commission. Comme ils sont payés en fonction des ventes, ils ont l'impression qu'ils perdent leur temps s'ils font autre chose quand il n'y a pas de clients. Et puisqu'ils passent seulement 25 % de leur temps en compagnie de la clientèle, ils gaspillent 75 % de leurs heures de travail.

PROFESSION : VENDEUR AU DÉTAIL

Comme en témoigne le tableau suivant, ce temps perdu coûte une fortune à l'employeur.

SALAIRE ANNUEL	VALEUR D'UNE HEURE (40 HEURES PAR SEMAINE)	VALEUR D'UNE HEURE EN COMPAGNIE D'UN CLIENT
30 000 $	15 $	60 $
40 000 $	20 $	80 $
50 000 $	25 $	100 $
60 000 $	30 $	120 $

Les vendeurs à succès ont une autre attitude : ils consacrent tout leur temps à mieux préparer le moment où ils seront en contact avec leurs clients. Comment ? Voici quelques exemples :

• Ils étudient les produits disponibles dans le magasin. Ce faisant, ils s'assurent qu'ils auront toujours réponse aux questions des clients.

• Ils consultent les listes de prix des fournisseurs. Nous verrons au chapitre 2 que le client a besoin d'établir un lien de confiance avec son vendeur. Or, comment peut-on avoir confiance en un conseiller qui ne maîtrise pas ses outils de travail ?

• Ils embellissent la surface de vente. Si des papiers jonchent le sol ou s'il manque une poignée à un tiroir, les articles auront bien moins de valeur aux yeux du prochain client.

• Ils s'intéressent à la publicité des concurrents et cherchent comment réagir face aux clients qui y feront référence. C'est d'autant plus important qu'il est fréquent de voir un client se présenter en ayant à la main la publicité d'un concurrent.

En utilisant plus judicieusement votre temps, vous réduirez le temps passé avec les clients tout en augmentant leur satisfaction. Au bout du compte, surtout dans les magasins où les vendeurs abordent les clients à tour de rôle, vous augmenterez vos revenus sans pour autant travailler plus. Ne gaspillez pas du temps précieux !

4. Les clients n'aiment pas acheter

Voilà un autre mythe qui a la vie dure. Il consiste à voir dans le client un être torturé qui ne souhaite pas acheter et qui se refuserait, s'il n'en était pas obligé par des circonstances indépendantes de sa volonté, à se séparer de son argent durement gagné. Si ce mythe était fondé, personne ne changerait sa tondeuse avant qu'elle soit envoyée à la ferraille. Personne ne s'achèterait de nouveaux vêtements avant que sa garde-robe actuelle soit mise aux poubelles. Personne ne changerait le mobilier du salon simplement pour rajeunir la pièce.

Les consommateurs aiment acheter. Le plaisir de posséder est tellement fort que bien des personnes, en temps de déprime, font des achats pour se remonter le moral, qu'elles aient ou non des besoins. Dans ce cas, le seul défi du vendeur-entrepreneur est de combler le désir d'acheter du client.

5. L'entreprise ne nous offre pas assez de formation

Il est vrai que, dans les petits commerces de détail, les occasions de formation sont plutôt rares. Puisque nous souhaitons vous transformer en vendeur-entrepreneur, laissez-nous vous rappeler qu'il faut cesser d'attendre les initiatives de la direction et prendre en main vos besoins de formation.

Nous vous proposerons plusieurs possibilités de formation dans les chapitres 6 et 13. N'oubliez pas que vous êtes l'ultime bénéficiaire de toutes les compétences que vous acquérez. Chaque nouvelle compétence augmente votre valeur marchande et votre capacité d'accroître vos revenus.

6. Les clients ont une fixation : les prix

Cet énoncé n'est ni tout à fait vrai ni tout à fait faux. Nous verrons au chapitre 2 qu'environ le tiers des clients sont infidèles et qu'ils changeront de fournisseur s'ils se rendent compte qu'ils peuvent économiser quelques dollars ailleurs. Comptez-vous vraiment développer votre clientèle en misant sur ces clients ?

Les deux tiers des clients recherchent avant tout une relation de confiance avec leur vendeur. Ils accepteront même de payer un peu plus pour faire affaire avec une personne qui a su établir ce genre de rapport. Ces clients souhaitent développer une relation à long terme avec leur vendeur. Ils n'aiment pas repartir en quête d'un nouveau fournisseur chaque fois qu'un même besoin se fait sentir.

Mais alors, demanderez-vous, comment se fait-il que plus de la moitié des clients que je rencontre dans une semaine tentent de négocier les prix ? Plusieurs raisons peuvent être avancées pour expliquer ce fait. Nous en examinerons tout de suite quatre.

- Dans bien des cas, c'est la publicité qui les prépare à négocier. Si vos communications commerciales regorgent de « Nous avons les meilleurs prix » ou de « On magasine ailleurs, on achète chez... », attendez-vous à voir les clients arriver avec une calculette à la main. En tant que vendeur, vous avez peu de contrôle sur ce facteur, mais vous pouvez tenter d'influencer la direction du commerce ou décider d'aller travailler ailleurs.

- Il arrive également que vos concurrents ouvrent le bal. Nous avons tous connu des commerçants qui disaient à leurs clients d'aller voir ailleurs et de revenir pour qu'ils leur proposent un meilleur prix. D'autres affichent des prix gonflés et annoncent continuellement des réductions de 30, 40 et 50 %. Comment faire face à ces concurrents ? Nous vous donnerons quelques conseils dans les prochains chapitres.

- Il peut arriver que vos propres collègues ouvrent les hostilités. L'un d'eux pourrait dire à un client : « Quand vous saurez ce que vous voulez, revenez me voir et je vous ferai un bon prix. » Si c'est le cas, vous devez exiger que cesse cette pratique. Si votre patron refuse d'intervenir, il vaut mieux chercher un emploi ailleurs.

- Il est également possible que vous soyez la cause de ces tentatives de modification des prix affichés. Vous arrive-t-il de semer le doute dans l'esprit de votre client en lui disant « Notre prix est de… » ou « Je vous avertis tout de suite que c'est assez cher. » Dans le premier cas, vous laissez entendre qu'il existe peut-être de meilleurs prix ailleurs, tandis que, dans le second, vous préparez le client à réagir négativement au prix que vous allez lui soumettre.

Les deux tiers des clients se présentent à votre magasin sans vraiment connaître les prix de vos produits. Ce sont des forces extérieures (vos publicités, vos concurrents, vos collègues ou vous-même) qui les poussent à exiger un meilleur prix. Vous êtes en mesure de minimiser l'influence de ces facteurs. Il y aura toujours quelqu'un qui vendra moins cher que vous. Nous verrons au chapitre 12 à quel point il est important, pour développer votre clientèle, de miser sur les clients qui accordent moins d'importance aux prix qu'à la relation de confiance que vous établirez avec eux.

7. Les clients savent ce qu'ils veulent

Vous avez répondu «vrai»? Et pourtant, la réalité est tout autre. La majorité des clients qui se présentent à vous ne savent probablement pas ce qu'ils souhaitent acheter. Ils ressentent un besoin, mais faute de renseignements, ils ne savent pas quel produit saura les satisfaire.

Pour illustrer cette affirmation, revenons à l'exemple du client qui souhaite acheter un barbecue. À son arrivée au magasin, les renseignements dont il dispose sont limités à ce qu'il a vu dans une publicité. Le vendeur qui se contenterait, dans cette situation, de combler mécaniquement le besoin du client ne lui rendrait pas vraiment service.

C'est pourquoi il est essentiel, même quand le client semble savoir ce qu'il veut, de ne pas ignorer la phase de définition des besoins. Vous seul, en tant que professionnel, possédez les connaissances nécessaires pour savoir si ce que le client demande comblera ses attentes.

Tout cela ne risque-t-il pas de ralentir ma vente, vous demandez-vous? Pour répondre à cette question, voyons quelles sont les quatre attitudes que vous pouvez avoir à l'égard des attentes d'un client. Le graphique ci-dessous résume ces attitudes et, pour les expliquer, nous supposerons qu'une cliente daltonienne vienne d'entrer dans votre commerce de meubles et souhaite acheter un mobilier de salon vert pomme.

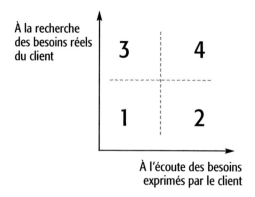

À la recherche des besoins réels du client

À l'écoute des besoins exprimés par le client

Si vous n'êtes pas à l'écoute des besoins qu'elle vient d'énoncer et que vous vous préoccupez peu de ses besoins réels (**quadrant 1**), vous tenterez de lui offrir le produit que vous connaissez le mieux ou celui qui vous rapporte la meilleure commission. Ce pourrait même être ce canapé bleu ciel qui traîne dans le magasin depuis 3 ans et pour lequel le patron a promis un boni de 125 $. Un vendeur insistant et doué pourra certes arriver à le vendre à la cliente, mais que se passera-t-il une fois le canapé livré ? La dame tentera d'annuler la vente ou, honteuse, s'enfermera dans un mutisme en se promettant bien d'avertir toutes ses connaissances d'éviter votre magasin.

Le quadrant 1 vous permet de gagner une vente à court terme mais vous fait perdre le client. Du coup, la relation de confiance qui aurait pu se développer entre le consommateur et vous se termine abruptement. À long terme, tout le monde est perdant.

Si vous êtes à l'écoute des besoins que cette cliente daltonienne vient d'exprimer mais que vous vous préoccupez peu de ses besoins réels (**quadrant 2**), vous lui vendrez exactement ce qu'elle vient de demander. À ce moment, deux choses peuvent arriver.

Si elle avait vu juste et avait bien évalué ses besoins, la cliente sera ravie de son achat. Dans ce cas, vous avez pris un risque, mais vous avez quand même gagné.

Si elle avait mal évalué ses besoins et que, par exemple, le vert pomme du mobilier ne s'agence pas du tout avec ses tentures jaune moutarde, ses enfants ne manqueront pas de le lui faire remarquer et, du coup, le plaisir qu'elle aura ressenti lors de son achat s'évanouira. Il ne lui restera plus qu'à décrire aux siens celui qui lui a vendu une telle horreur et à répéter pourquoi il ne faut jamais faire confiance aux vendeurs.

Se cantonner dans le quadrant 2, c'est jouer les Ponce Pilate ou les mercenaires. Tôt ou tard, cette attitude vous nuira parce qu'on assimilera rapidement votre attitude je-m'en-foutiste à un manque de professionnalisme.

Si vous n'êtes pas à l'écoute des besoins qu'énonce la cliente mais que, assez paradoxalement, vous vous préoccupez vraiment de ses besoins réels (**quadrant 3**), vous lui poserez une série de questions visant à déterminer ce qui lui convient le mieux. Cependant, le peu d'attention que vous aurez porté aux besoins qu'elle a exprimés risque d'être pris pour un manque de respect et de susciter dans l'esprit de votre cliente le désir d'aller voir ailleurs. Ceux qui se cantonnent dans le quadrant 3, peu importe leur compétence, arrivent rarement à inspirer confiance aux clients.

Si vous êtes à l'écoute des besoins que la cliente formule et que vous vous préoccupez vraiment de ses besoins réels, vous vous retrouverez dans le **quadrant 4**. Vous prendrez donc soin de répéter ce que la cliente vient de vous dire et vous lui demanderez, bien humblement, de vous expliquer pourquoi elle souhaite acquérir l'article en question. Elle vous expliquera alors comment est aménagé son salon, et vous pourrez lui faire remarquer que le vert pomme et le jaune moutarde ne vont pas très bien ensemble. Vous lui proposerez ensuite de dessiner le plan de son salon et de partir à la recherche du tissu qui s'agencera le mieux avec sa décoration actuelle. Vous pourriez même lui offrir de vous rendre chez elle avec une série d'échantillons.

Si la cliente achète le ou les articles que vous lui aurez proposés et que ses connaissances la félicitent pour son bon goût, elle n'hésitera pas à vous recommander à tous les siens. Vous serez devenu pour elle un véritable partenaire, et c'est immanquablement vers vous qu'elle se tournera quand viendra le temps de meubler sa chambre ou sa salle à manger.

Le client ne sait pas d'entrée de jeu quels sont ses besoins réels. Vous devez l'aider à découvrir ce qui le satisfera le plus. En demeurant dans le quadrant 4, vous faites deux gagnants.

8. Les clients préfèrent visiter en paix

Puisqu'il ne sait pas ce dont il a réellement besoin et qu'il connaît moins bien les produits que vous (en théorie, du moins), le client doit pouvoir bénéficier de vos bons conseils pour choisir l'article qui le comblera le mieux.

Cependant, ayant déjà eu affaire aux mouches, aux araignées, aux fourmis, aux hiboux, aux paons et aux pies de ce monde (nous traiterons de ces six bêtes au prochain chapitre), le consommateur préfère éloigner les vendeurs avec des énoncés comme « je ne fais que regarder », « je n'ai besoin de rien ; j'attends mon épouse qui est dans un autre commerce » ou « c'est seulement pour dans trois ans ».

Nous traiterons, au chapitre 4, des moyens que vous pouvez prendre pour ne pas constituer une menace aux yeux du client au moment de la prise de contact. Si vous parvenez à le faire, ce dernier sera heureux de vous soumettre la raison pour laquelle il se trouve dans votre magasin.

9. Plus un article est vieux, moins il se vend

Les ventes de produits à succès qui font leur apparition sur une surface de vente suivent souvent une progression en trois étapes, liée non pas aux qualités intrinsèques du produit, mais bien à la perception qu'en ont les vendeurs.

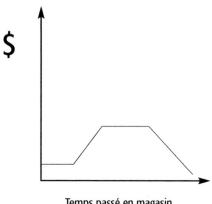

Temps passé en magasin

Au début, les vendeurs ne sont pas à l'aise avec un nouveau produit et préfèrent s'en tenir à leurs produits à succès, ceux qu'ils connaissent et vendent sans difficulté. À moins que le nouveau produit ne jouisse d'un gros budget de lancement, ses ventes seront donc minimales.

Cependant, quand les clients commencent à demander ce qui distingue ce nouveau modèle des autres, les vendeurs sont obligés de prendre connaissance des caractéristiques du modèle en question et ils en sont rapidement emballés. Les ventes prennent alors un bon élan.

Encouragés par cette croissance, les vendeurs se mettent à offrir le produit systématiquement, sans oublier de vanter tous ses avantages par rapport aux produits concurrents. Par conséquent, les ventes du produit atteignent un plateau correspondant à celui d'un produit hautement satisfaisant. Elles s'y maintiendront pendant un bon bout de temps.

Cependant, l'effet de nouveauté s'étiolera un jour ou l'autre dans l'esprit des vendeurs. Ils commenceront à présumer que les clients sont au fait de toutes les caractéristiques du produit. Ce faisant, ils en viendront à passer sous silence les arguments qui leur permettaient auparavant de conclure une vente. Au fur et à mesure que s'appauvrira la présentation des vendeurs, les ventes du produit dégringoleront.

De tels articles se trouvent-ils dans votre commerce ? Des produits qui, selon vous, ne sont plus désirés par les clients ? Les Américains les appellent des *dogs*. Certains marchands québécois les nomment des *truies*. Quelle que soit l'appellation qu'on leur donne, ce sont souvent les vendeurs qui ont décidé que les consommateurs n'en voulaient plus. Comme le disait Jean Charpentier, mon premier mentor, « si quelqu'un l'a dessiné, c'est que quelqu'un, quelque part, va l'aimer ». Les produits doivent être neutres à vos yeux ; c'est le regard des clients qui importe.

10. Dans mon domaine, les produits se valent à peu près tous

Si vous avez cautionné cet énoncé, nous avons une très mauvaise nouvelle pour vous : votre emploi est en jeu. En effet, si tous les produits se ressemblent et que les clients n'ont pas besoin d'un conseiller pour les guider, seules les différences de prix détermineront leurs choix.

Si c'est le cas, votre employeur pourrait être tenté de diminuer ses coûts en vous remplaçant par un simple « preneux de commandes » (ou un vendeur du type machine distributrice) et en réduisant ses prix au minimum. C'est la meilleure stratégie à adopter dans un monde où les produits se valent tous (dans la mesure où l'on n'a pas besoin d'un vendeur pour les distinguer) et où il faut viser les parts de marché pour combler des marges bénéficiaires en baisse.

Mais heureusement pour vous, si l'on se donne la peine de les étudier, tous les produits dont l'achat requiert la présence d'un vendeur peuvent être différenciés, ce qui justifie la présence d'un conseiller compétent. Une bonne étude de vos produits et une meilleure conscience des bénéfices qu'ils peuvent apporter à vos clients vous permettront de découvrir des facteurs qui feront ressortir vos produits de la masse et convaincront vos clients de revenir vous voir.

11. Être rémunéré à la commission m'empêcherait de dormir

Il n'est ni bon ni mauvais de souscrire à cet énoncé. Chaque mode de rémunération a ses avantages et ses inconvénients. Voyons de quoi il en retourne.

Être payé à l'heure vous garantit que, quelles que soient vos performances, vous toucherez un salaire prédéterminé. C'est un avantage lorsque vous apprenez les ficelles du métier. D'un autre côté, cela vous cantonne mentalement dans le rôle d'employé et limite vos revenus même si vous développez votre clientèle.

Être payé à l'heure présente un gros inconvénient sur le plan de la motivation : quel intérêt voyez-vous à vous surpasser quand vous savez que celui qui traîne la patte recevra le même salaire que vous, même si ses ventes sont inférieures aux vôtres ou que ses clients sont moins satisfaits ?

C'est là que réside l'attrait de la rémunération à la commission. En touchant une commission, vous avez réellement l'impression d'être à votre compte, puisqu'il existe un lien direct entre vos efforts et le montant inscrit sur votre chèque de paie. De plus, la rémunération à la commission générera des sommes que vous pourrez réinvestir dans votre formation pour augmenter encore plus votre valeur marchande.

L'idéal est bien entendu de commencer par toucher un salaire horaire puis, au fur et à mesure que l'on développe son savoir-faire et sa clientèle, de passer à une rémunération à la commission. Votre employeur devrait être content de cet arrangement parce que votre salaire deviendra alors une dépense variable qui diminuera son point mort.

Le saut n'est évidemment pas facile à faire si vous êtes salarié depuis des années. Il peut même être angoissant. Mais, si vous avez déjà rêvé de travailler à votre compte, c'est la façon la plus rapide d'y arriver.

Par contre, si vous tenez à la sécurité que procure un salaire fixe, vous pouvez également suggérer à votre patron d'établir un montant de vente au-delà duquel vous recevrez un boni en plus de votre salaire de base.

12. À leur arrivée, les clients ont déjà en tête un prix maximal

Cet énoncé est faux. Quand ils se présentent en magasin, les clients n'ont qu'une idée approximative de la valeur de l'article qu'ils souhaitent acheter. Il est possible qu'ils se souviennent vaguement du montant qu'ils ont payé il y a 15 ans pour le produit qu'ils veulent remplacer aujourd'hui, mais ils s'attendent bien évidemment à ce que ce prix ait grimpé. Dans d'autres cas, ils ont vu un prix annoncé dans un média, mais ils ignorent s'il est représentatif.

Ne vous sentez donc pas obligé de leur offrir un produit bas de gamme pour répondre à leurs attentes en matière de prix. Le prix qu'ils ont en tête à leur arrivée n'est pas définitif et ne devrait pas vous empêcher de jouer pleinement votre rôle de vendeur-entrepreneur.

13. Ça me gêne d'offrir nos programmes de financement à des clients

Il fut un temps, pas si lointain, où les gens préféraient payer leurs achats comptant. À cette époque, remplir une demande de financement signifiait que l'on acceptait de sacrifier les gains futurs pour bénéficier tout de suite de ce que la société de consommation avait à offrir. Cela dénotait soit de l'insouciance, soit de l'indigence.

Ce temps est révolu. Aujourd'hui, le crédit est entré dans les mœurs. Toutes les couches de la société achètent à crédit. Si une entreprise omet d'offrir des modalités de paiement, la valeur de son offre commerciale est dévaluée.

De nos jours, «plan de financement» ne rime plus avec «client dans le besoin». Il est donc tout à fait normal que vos clients souhaitent profiter d'un programme de financement, et il est tout à fait normal que vous le leur offriez. Si vous ne le faites pas, un autre fera la vente.

Si votre commerce offre cette possibilité à ses clients, vous pouvez même inclure dans votre routine de vente, quand un client tentera de négocier, cette question : «Comptez-vous payer comptant ou bénéficier de notre offre de six mois sans intérêt ?» Ce faisant, vous mettrez votre client à l'aise et vous saurez immédiatement si vous disposez d'une quelconque marge de manœuvre dans le cas où il prévoirait payer comptant.

14. Le fait de toucher une commission nuit considérablement à ma crédibilité

Selon plusieurs vendeurs, le fait de toucher une commission peut empêcher le client d'avoir pleinement confiance en eux. Ils croient que, puisqu'un vendeur a quelque chose à gagner dans une transaction, le client aurait raison de ne pas lui faire confiance.

Mais en quoi la crédibilité du vendeur rémunéré à la commission serait-elle différente de celle du vendeur salarié ? Dans les faits, ils sont tous deux en conflit d'intérêts : si le vendeur salarié ne vend pas suffisamment, il risque de perdre son travail.

Votre crédibilité, nous le verrons au chapitre 2, n'a rien à voir avec votre mode de rémunération. Si un client laisse entendre, à la blague, que vous êtes en conflit d'intérêts parce que vous allez toucher une commission sur ce que vous vous apprêtez à lui vendre, indiquez-lui qu'il a raison : vous êtes effectivement en conflit d'intérêts parce que vous avez tout intérêt à le satisfaire ! Si vous y arrivez, vous pourrez de nouveau lui vendre quelque chose la semaine prochaine, le mois prochain ou l'année prochaine. Il en va de votre succès.

15. J'aimerais bien trouver la routine de vente parfaite qui me permettrait de vendre à tous les clients

Si vous avez souscrit à cet énoncé, cela signifie que vous considérez que tous les clients sont semblables, qu'ils ont les mêmes besoins, qu'ils perçoivent tout le monde de la même façon et qu'ils suivent tous le même processus décisionnel. Or, il n'en est rien.

Les clients diffèrent les uns des autres et, si vous pouvez quelquefois trouver des similitudes entre eux, vous devez également constater qu'ils ont des attentes différentes et qu'une présentation de produit uniformisée ne saura pas les enthousiasmer.

Votre produit peut combler plusieurs besoins, et ces besoins sont pondérés différemment selon les clients. Si vous n'adaptez pas votre présentation à leurs attentes, ils n'auront pas l'impression que vous êtes sur la même longueur d'onde qu'eux et ils hésiteront à vous faire confiance. Adaptez votre présentation à chaque client.

16. Ma stratégie consiste à faire de mes clients des amis

Vous ne devez jamais perdre de vue, lorsque vous rencontrez un client, ce que vous attendez de votre entretien avec lui. En règle générale, vous obtiendrez ce pour quoi vous vous êtes préparé. Si vous avez choisi de vous en faire un ami, vos efforts iront en ce sens, et il deviendra probablement votre copain. Mais rien ne dit que votre nouvel ami choisira d'acheter.

Que souhaitez-vous vraiment réaliser pendant votre rencontre ? Décidez-en à l'avance et ne perdez pas de vue votre objectif. Les gains d'un vendeur-entrepreneur sont maximisés quand il se donne pour objectif de transformer son client potentiel en un client fidélisé, qui sera content de faire affaire avec lui et qui le recommandera à ses connaissances par la suite.

Si vous réduisez votre niveau d'attente en ce qui a trait à la conclusion de votre rencontre, vous réduirez inévitablement les retombées des efforts investis.

17. Personnellement, je n'achèterais pas la moitié de ce que nous offrons en magasin

Il est impossible de vendre un produit dans lequel on ne croit pas sans y perdre une partie de son estime personnelle. Si vous avez répondu « vrai » à cet énoncé, deux options s'offrent à vous :

- Lisez le chapitre 5 et apprenez à transformer les caractéristiques de vos produits en bénéfices pour le client. Au sortir de cet exercice, vous aurez une meilleure opinion de ce que vous avez à vendre et vous adopterez une attitude de consultant envers vos clients.

- Si vous n'arrivez pas à trouver une valeur suffisante aux produits que vous offrez, lisez le chapitre 14 et déterminez si vous devez partir à la recherche d'un nouvel employeur ou simplement changer de domaine.

Dans tous les cas, ne vous entêtez pas à vendre un produit si vous avez l'impression qu'il ne vaut pas le prix demandé et que vous flouez vos clients. Personne (ni le commerce, ni le client, ni vous) n'est gagnant dans ce genre d'échange.

18. Je fais ce métier en attendant de trouver mieux

Atteindre le succès dans le commerce de détail exige des efforts constants et un programme de développement personnel complet. Si vous faites ce travail «en attendant», il est peu probable que vous trouviez la motivation nécessaire pour développer, jour après jour, les habiletés qui feront de vous un vendeur-entrepreneur.

Si votre objectif est de «trouver mieux», dirigez dès aujourd'hui votre énergie vers cet idéal. Évaluez ce qui vous sépare de votre objectif. Préparez un plan de match. Établissez des objectifs intermédiaires et engagez-vous dans l'accomplissement de votre rêve.

Continuez néanmoins votre lecture, même si vous avez répondu par l'affirmative à cet énoncé. Vous découvrirez peut-être, dans les pages qui suivent, une nouvelle image du vendeur au détail qui vous séduira et qui vous donnera envie, finalement, de poursuivre dans cette voie. Si ce n'est pas le cas, vous trouverez assurément des concepts et des trucs qui pourront vous aider dans votre nouvelle carrière.

19. J'aimerais bien monter dans la hiérarchie de l'entreprise et passer aux achats ou à la direction des ventes

Il n'est ni bon ni mauvais de souscrire à cet énoncé. Laissez-nous cependant vous expliquer ce qui se passera en vous au fur et à mesure que vous deviendrez un vendeur-entrepreneur performant.

• À mesure que vous développerez votre clientèle, vous vous attacherez à vos clients et vous aurez de la difficulté à faire un trait sur vos relations professionnelles et humaines avec eux. Il n'est pas facile, quand des centaines de clients fidèles comptent sur vous, de leur annoncer qu'ils devront dorénavant faire affaire avec une autre personne.

• Un vendeur-entrepreneur performant gagne souvent un salaire supérieur à celui de son patron ou de son directeur des ventes. Il devient donc moins intéressant, à mesure que l'on développe une clientèle fidèle, de faire le saut vers un poste de gestion.

Nonobstant vos ambitions, continuez à développer vos habiletés de vendeur-entrepreneur ; elles vous serviront toute votre vie. Votre cheminement de carrière est toutefois un thème important et, en troisième partie, nous y consacrerons tout un chapitre.

20. Quand un client est décidé, je risque de perdre ma vente en lui suggérant de faire un achat complémentaire

Si vous avez répondu « vrai » à cet énoncé, c'est que vous n'avez pas compris la raison d'être de la vente d'un produit complémentaire. Vous pensez sans doute qu'elle vise à lui extirper quelques dollars de plus, et qu'il deviendrait donc susceptible de remettre sa décision en question. Vous vous trompez : la proposition d'un achat complémentaire a pour seul objectif d'améliorer la satisfaction du client.

Si vous achetez un complet et que je vous montre une cravate qui l'accompagne magnifiquement, je n'ai pas abusé de vous : je vous ai rendu service. Mais si je passe sous silence le fait que vous ne pourrez profiter pleinement de votre barbecue sans bonbonne de propane et sans ustensiles, vous avez toutes les raisons du monde de m'en vouloir.

La proposition d'un achat complémentaire est l'aboutissement d'une démarche simple : dans un premier temps, vous vous demandez ce qui peut manquer à votre client pour bénéficier au maximum de l'article qu'il vient de choisir et, dans un second temps, vous lui donnez la possibilité de l'acheter tout de suite et d'éviter une autre visite au commerce.

Offrir un produit complémentaire qui garantira la satisfaction du client, c'est faire preuve de respect envers lui. Nous traiterons de cette question au chapitre 10.

Ce que vous devez faire avec vos résultats

Ce questionnaire n'a aucune valeur scientifique et il ne peut être utilisé pour évaluer votre potentiel dans la vente au détail. Il a plutôt pour objectif de vous faire réaliser qu'il existe peut-être des obstacles internes (que vous vous imposez en raison des impressions non fondées que vous entretenez) entre vous et une croissance de vos revenus et de votre estime personnelle. Bref, ce questionnaire ne vise qu'à mettre en place tous les concepts qui seront présentés dans les prochains chapitres.

Le simple fait que vous ayez lu ce chapitre jusqu'ici permet de présumer que vous possédez l'intérêt et le potentiel nécessaires pour devenir un vendeur-entrepreneur. Le prochain chapitre vous permettra de découvrir ce qui se passe dans la tête de ces clients que vous souhaitez satisfaire.

À retenir

1. La vente est une profession.

2. Le fait qu'un client vous dise non n'est pas un signe de rejet.

3. Un professionnel de la vente sait employer son temps en l'absence de clients pour augmenter ses chances de vendre, accroître ses connaissances et entretenir son réseau de clients.

4. Les clients aiment acheter. En fait, il leur arrive même de le faire pour l'unique plaisir de consommer.

5. C'est à vous de prendre en main vos besoins de formation.

6. Ce sont souvent les vendeurs qui attirent l'attention du client sur le prix et les encouragent, maladroitement, à entreprendre une négociation. Les clients pensent davantage à améliorer leur sort qu'à discuter de prix.

7. Les clients n'ont qu'une idée vague de ce qu'ils souhaitent acheter. Il revient au vendeur de les aider à prendre conscience de leurs besoins.

8. Les clients préfèrent visiter un commerce où travaille un conseiller en qui ils ont confiance.

9. Après avoir vendu un produit pendant un certain temps, vous oubliez de mentionner ses caractéristiques car vous tenez pour acquis que les clients les connaissent.

10. Si l'on se donne la peine de les étudier, tous les produits dont l'achat requiert la présence d'un vendeur peuvent être différenciés.

11. Passer d'une rémunération horaire à une rétribution à la commission n'est pas facile, mais cela modifie le rapport que vous entretenez avec votre travail et vous permet de bénéficier davantage des fruits de votre labeur.

12. Les clients qui se présentent à vous n'ont pas de limite de budget. Ils ont tout au plus une idée du montant qu'ils souhaitent débourser.

13. Les contrats de financement se sont imposés au fil des ans dans toutes les entreprises de détail qui souhaitent assurer leur croissance. Vos clients s'attendent à ce que vous les leur offriez.

14. Toucher une commission ne nuit en rien à votre crédibilité si vous ne cachez pas ce fait quand votre client soulève la question.

15. La routine de vente magique, susceptible de convaincre tous les clients, est une chimère. Pour être efficaces, vos présentations de produits doivent être adaptées à chaque client, individuellement.

16. Vous devez avoir en tête votre objectif quand vous établissez une relation avec un client. Souhaitez-vous en faire un ami ou un client fidèle?

17. Si vous ne prêtez pas de valeur aux produits que vous vendez, vous n'arriverez pas à les vendre sans ressentir une certaine culpabilité et sans miner votre estime personnelle. Prenez conscience au plus vite de tous les bénéfices que retireront les clients qui feront affaire avec vous et, si ces bénéfices ne dépassent pas le coût du produit que vous vendez, changez de domaine ou de magasin.

18. Si vous faites ce métier «en attendant», sachez qu'il nécessitera des efforts que vous n'êtes peut-être pas prêt à investir. Vendre au détail est une profession qui demande un engagement qui dépasse le simple passe-temps.

19. Le fait de monter dans la hiérarchie de l'entreprise devient de moins en moins intéressant au fur et à mesure que l'on développe sa clientèle. Un vendeur-entrepreneur peut facilement gagner plus d'argent que son directeur des ventes, et les clients risquent de lui manquer s'il a développé de bonnes relations avec eux.

20. Vous rendez service au client en lui offrant d'effectuer tous les achats nécessaires à une utilisation optimale de l'article qu'il vient de se procurer.

2 〉 *Que se passe-t-il dans la tête de vos clients?*

Ce chapitre sera consacré à la présentation de six principes qu'il est bon de garder à l'esprit quand on entre en contact avec un consommateur. Ces principes permettent de comprendre pourquoi un client décide d'acheter ou non le produit qui lui est offert.

Une mise en garde s'impose, cependant: l'influence de ces principes sur la décision de vos clients varie en fonction de deux facteurs.

- La connaissance du produit qu'a le client. Si le produit constitue une commodité dans son esprit, il n'aura pas besoin d'être rassuré quant à la pertinence de son achat et ne doutera pas de son choix.

- L'importance relative de l'achat dans l'esprit du client.

Ainsi, si le client connaît bien le produit et que son achat n'est pas très important dans son esprit, il l'achètera machinalement, voire mécaniquement, sans trop se poser de questions. À l'opposé, s'il s'agit d'un achat très important pour le client et que le produit à acheter lui est complètement étranger, les principes présentés dans ce chapitre agiront très fortement sur lui. Vous devez donc faire la part des choses et vous interroger sur l'influence qu'ont ces six principes sur vos propres clients.

1er PRINCIPE : si le client n'a pas confiance en son vendeur, il n'achètera pas

La crédibilité du vendeur est une condition sine qua non à l'émergence du désir d'acheter chez le client. Ce dernier souhaite savoir s'il peut vous faire confiance et est à l'affût, dès les premiers instants de votre rencontre, de signes témoignant de votre crédibilité personnelle.

Remarquez que c'est tout à fait normal. Pourquoi un individu ayant travaillé fort pour gagner un salaire (ou qui compte travailler fort s'il achète aujourd'hui à crédit) confierait-il son avoir au premier venu sans se soucier de la crédibilité de ce dernier ? La crainte de se tromper étant un réflexe tout à fait légitime, il est normal qu'un client la ressente. Après tout, il ne vous connaît pas.

C'est pour cette raison que le client, dès les premières minutes de sa rencontre avec vous, mesure votre crédibilité. S'il estime que vous n'êtes pas crédible, il craindra de vous confier son argent, et la vente n'aura pas lieu. Il importe donc de comprendre comment le consommateur s'y prend pour déterminer si vous êtes crédible ou non.

La crédibilité que vous attribue le client dépend des réponses à deux questions. Dans un premier temps, ce dernier se demande si vous êtes compétent, si vous savez de quoi vous parlez. S'il répond par la négative à cette question, il n'y aura pas de vente. Si, en se fiant à ses perceptions, il répond par l'affirmative, il passe à l'étape suivante.

S'il vous a jugé compétent, le client se demande ensuite si vous êtes digne de confiance. Après tout, ce n'est pas parce que vous êtes compétent qu'il doit vous faire confiance. Bien des personnes compétentes peuvent promettre des choses et ne jamais les livrer. Le client se met donc en quête d'indices lui permettant de déterminer si vous êtes digne de confiance.

En répondant à ces deux questions, le consommateur évalue mentalement votre crédibilité. Celle-ci, comme le montre le graphique suivant, peut être illustrée par une surface déterminée par la compétence que le client perçoit en vous et par la confiance que vous lui inspirez.

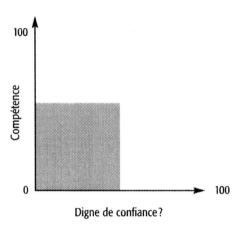

Ce graphique montre que le client a attribué à son vendeur une même note de 50 aux chapitres de la compétence et de la confiance. La crédibilité de celui-ci est représentée par la zone ombrée du graphique. Plus cette zone est grande, moins la crainte de se tromper ressentie par le client est importante et plus ce dernier a envie de procéder à l'achat.

Rappelez-vous que nous parlons ici de la perception du client. Il se peut que vous soyez très compétent, mais si votre client ne le perçoit pas, la vente n'aura pas lieu. C'est aussi cruel que cela.

Sur quels indices un client se base-t-il pour vous noter sur chacune des deux échelles ? Nous pouvons les regrouper en cinq catégories.

- *La réputation du commerce où vous travaillez.* Si votre employeur jouit aux yeux de votre client d'une réputation impeccable en ce qui a trait au professionnalisme et à la volonté de se dépasser, vous partez avec une longueur d'avance parce que le client tiendra pour acquis qu'un tel commerce engage des vendeurs soucieux d'agir en professionnels. C'est comme si le client effectuait mentalement un transfert de crédibilité. Nous pourrions bien entendu profiter de l'occasion pour discourir sur l'importance de travailler pour un commerce qui a à cœur la satisfaction de ses clients, mais nous préférons réserver ce thème pour le chapitre 14, où nous traiterons du développement de votre carrière.

- *Votre apparence.* Une personne ne vous ayant jamais rencontré aurait-elle immédiatement confiance en vous? Votre regard est-il fuyant? Votre tenue inspire-t-elle confiance? Si vous n'inspirez pas confiance à première vue, votre défi sera décuplé.

- *La maîtrise de vos outils de travail.* Le client a besoin de sentir qu'il fait affaire avec un professionnel. Pourquoi vous ferait-il confiance si vous ne savez pas utiliser l'ordinateur mis à votre disposition, si les listes de prix vous plongent dans la confusion ou si vous ne savez même pas comment effectuer une transaction Interac? Dans tous les cas, votre manque de compétence fera diminuer votre crédibilité et provoquera chez votre client une remise en question de votre présentation.

- *La qualité de votre présentation.* Vous donnez-vous la peine d'écouter ce que le client a à dire ou lui servez-vous le même discours que vous avez servi au client précédent? Si vous présentez votre produit en établissant des liens entre les besoins avoués par votre client et les réponses qu'il donne à vos questions, vous serez plus digne de confiance à ses yeux.

- *Votre réputation.* Si c'est un ami en qui il a pleinement confiance qui a suggéré à votre client de passer vous voir, vous avez une longueur d'avance. Les recommandations prouvent que vous êtes digne de confiance et sont 30 fois plus efficaces que la meilleure publicité pour établir votre compétence. Soyez à la hauteur!

Nous verrons dans la deuxième partie de ce livre ce que vous pouvez faire pour qu'augmente votre crédibilité. Retenez pour l'instant que s'il ne vous fait pas confiance, le client n'achètera tout simplement pas.

2e PRINCIPE : le client achète non pas un produit, mais des bénéfices

Ce deuxième principe vous plonge peut-être dans l'incertitude, mais il est incontournable. Le client n'achète pas le produit pour ce qu'il est mais pour ce qu'il peut lui apporter. Vous faites affaire avec des consommateurs de bénéfices et non pas avec des acheteurs de caractéristiques. Pour illustrer ce principe, revenons à notre consommateur à la recherche d'un barbecue en solde et demandons-nous pourquoi il souhaite faire cet achat. Est-ce parce qu'il désire simplement devenir l'heureux propriétaire d'un tel appareil? Dans les faits, des dizaines de motivations peuvent être à l'origine de sa décision. En voici quelques-unes.

- En visite chez un ami, la semaine dernière, il a goûté à des brochettes qu'il a tout simplement trouvé délicieuses. Son ami lui en a donné la recette et il ne lui manque que le barbecue.

- Il a invité son beau-frère chez lui dimanche prochain et il veut prouver qu'il sait bien recevoir. Ce beau-frère, l'an dernier, les a très bien reçus, lui et sa famille.

- Un ami lui a demandé de passer au magasin acheter l'appareil pour lui. Il le remboursera la semaine prochaine, à son retour du Nouveau-Brunswick.

- Sa conjointe l'a laissé tomber dernièrement et il ressent aujourd'hui le besoin de s'acheter quelque chose pour compenser sa peine.

- Sa conjointe et lui se sont chamaillés hier, et il s'est dit que s'il lui préparait aujourd'hui un petit souper d'amoureux, il réussirait peut-être à rétablir le dialogue.

Dans le premier cas, c'est la possibilité de concocter de bons repas que le client souhaite acheter. Dans le deuxième, c'est l'assurance de bien paraître aux yeux de sa belle-famille. Dans le troisième, il souhaite seulement rendre service. Dans le quatrième cas, il cherche le réconfort, tandis que dans le dernier, c'est une possibilité de réconciliation qu'il souhaite se procurer. Dans ces cinq cas, le barbecue est accessoire et pourrait probablement être remplacé par un autre article.

Ce sont donc des bénéfices et non de simples produits que les clients achètent. Quand ils se présentent dans un magasin, ils ont une motivation qui justifie l'achat à leurs yeux. Le vendeur-entrepreneur se fait un devoir de découvrir cette motivation afin de s'assurer que le produit convoité aidera bel et bien les consommateurs à combler leur besoin. Le vendeur de type machine distributrice vend des produits ; le vendeur-entrepreneur vend des bénéfices.

3e PRINCIPE : les mécanismes de perception d'un client sont initialement vierges

En tant qu'êtres humains, nous sommes quotidiennement bombardés par des milliers d'informations. Le cerveau ne dispose pas d'une capacité de traitement suffisante pour gérer tous ces stimuli. C'est pourquoi nous utilisons des filtres qui nous permettent d'ignorer les renseignements que notre cerveau ne considère pas comme vitaux au moment où nous les percevons.

Ainsi, si vous lisez le journal alors que vous songez à remplacer votre automobile ou si vous venez tout juste de faire l'acquisition d'un nouveau véhicule, vous serez plus sensible aux publicités relatives aux voitures. Si vous êtes dans la situation contraire, vous les apercevrez du coin de l'œil, tout au plus. Pourquoi, en effet, surcharger votre esprit de renseignements inutiles ?

Il arrive également que nous ne sachions pas où regarder. Par exemple, un profane à qui on demanderait d'évaluer ou de comparer des œuvres d'art ne saurait pas par où commencer, car il ne disposerait pas des repères nécessaires à cet exercice.

Le mécanisme de la perception est important à la fois pour vous et pour votre client. Voici pourquoi.

- À force d'être en contact avec votre produit, vous risquez fort de ne plus voir ce qui le différencie des produits concurrents et d'affaiblir votre présentation en passant sous silence les caractéristiques ou bénéfices qui, autrefois, vous permettaient de le vendre facilement. Cela explique pourquoi un produit valable connaît souvent un bon départ mais qu'il s'essouffle progressivement par la suite.

- L'esprit de votre client, au début de son magasinage, est vierge : le client ne sait pas où regarder pour déterminer quel produit est le meilleur. Il ne sait pas comment différencier un article d'un autre. Si vous ne lui dites pas où regarder, les produits lui sembleront tous semblables et il achètera celui qui est le moins cher. Si vous l'aidez à découvrir ce qui est important au moment de l'achat, il deviendra plus circonspect.

Pour devenir un vendeur-entrepreneur, vous devez analyser vos produits objectivement et cesser de présumer que les clients en savent autant que vous. Même si c'est la centième fois que vous présentez un article et que vous êtes fatigué de vous répéter, donnez-vous la peine de souligner tous les attributs qui le rendent unique. Si vous ne le faites pas, le produit n'aura pas plus de valeur aux yeux du client que celui offert par votre concurrent et vous risquez de perdre une vente.

Ainsi, un bureau triple dont tous les tiroirs sont munis d'un dispositif anti-poussière vaut plus cher qu'un bureau qui n'en a pas, mais si vous ne présentez pas cette caractéristique (et ses bénéfices) au consommateur, l'article ne vaudra pas un sou de plus à ses yeux. Au contraire, si vous prenez soin de lui présenter cet avantage, la valeur du modèle qu'il a vu chez votre concurrent diminuera immédiatement dans son esprit.

Il en va de même de la chemise dont toutes les coutures sont doublées ou du livre qui a été autographié par l'auteur lors d'une séance de signatures dans votre librairie. En ne dirigeant pas l'attention de votre client sur ces facteurs de différenciation, votre produit n'a pas plus de valeur à ses yeux.

Que penser, alors, du vendeur qui se contente de promener son client d'un rayon à l'autre en lui disant qu'il n'a qu'à lui faire signe si quoi que ce soit attire son attention ? Le client ne verra probablement rien !

La valeur d'un produit dépend de la perception qu'en a votre client. Si vous ne lui indiquez pas où regarder, il ne fera rien. Ne présumez pas que votre client en sait autant que vous sur le produit que vous lui offrez.

4e PRINCIPE : pour être satisfait, le client doit avoir l'impression qu'il en a pour son argent

Nous avons déjà mentionné que les clients n'achètent pas un produit mais bien des bénéfices, et que 10 clients se procurant le même article peuvent avoir 10 raisons différentes de le choisir. Pour déterminer s'il va l'acquérir, le client compare la somme d'argent nécessaire à l'achat et la somme des bénéfices que le produit lui procurera. D'autres facteurs peuvent également entrer dans l'équation : le temps requis pour aller magasiner ailleurs, les expériences antérieures avec votre commerce, etc.

Cette comparaison (qui est parfois inconsciente) peut donner trois résultats.

- *La somme des bénéfices escomptés dépasse le coût du produit.* Dans ce cas, s'il vous fait suffisamment confiance, le client aura envie de procéder à l'achat.

- *Les bénéfices attendus et le coût de la transaction s'équivalent.* Dans ce cas, le client tentera de se faire une meilleure idée en posant d'autres questions, en formulant d'autres objections ou en allant carrément voir ce que vos concurrents peuvent offrir de plus. Les objections sont ici autant de perches lancées à votre intention pour sauver la vente.

- *Le coût de la transaction dépasse les bénéfices escomptés.* Dans ce cas, il ne peut y avoir de vente. Le client mentionnera alors « qu'il doit y penser », « qu'il doit en parler à son conjoint » ou « qu'il doit prendre ses mesures ». Dans tous les cas, il vous indique qu'il n'a pas l'impression qu'il sortira gagnant de cette transaction.

Si vous vous êtes donné la peine, pendant votre présentation, de déceler le bénéfice principal recherché par le client et de mettre l'accent sur les bénéfices supplémentaires qu'offre votre produit, il est probable que la balance penche déjà du côté des bénéfices. Mais si ce n'est pas le cas, trois options s'offrent à vous.

- Vous pouvez recourir à la pression (« C'est notre dernier en stock... » ou « Les prix augmenteront dès demain ! »). Dans ce cas, le client achètera peut-être, mais il quittera le commerce avec le sentiment qu'il a été floué. Si cela arrive, il n'est vraiment pas certain qu'il revienne vous voir.

- Vous pouvez réduire le prix de votre produit dans l'espoir que cette diminution sera assez importante aux yeux de votre client pour renverser sa perception de la valeur de la transaction. C'est la tactique la plus utilisée par les vendeurs jouissant d'une marge de manœuvre sur le prix de vente. Mais c'est également une tactique qui diminue la valeur du produit que vous vendez et qui peut même mettre en doute votre probité. Après tout, pourquoi afficher un prix X si vous ne le respectez pas vous-même ?

- Vous pouvez trouver d'autres bénéfices en posant de nouvelles questions à votre client et en lui faisant découvrir des avantages importants qui ne lui étaient pas encore apparus clairement. Cette tactique renforce votre crédibilité et augmente la valeur du produit dans l'esprit du client.

La tactique que vous choisirez dépendra du type de relation que vous désirez développer (souhaitez-vous établir une relation à court terme ou à long terme avec ce client ?), de votre compétence (vous ne pouvez pas présenter des bénéfices dont vous ignorez l'existence) et de votre capacité à écouter votre client (il ne sert à rien de renchérir en lui présentant un bénéfice qui n'a aucun intérêt pour lui).

5e PRINCIPE : le vendeur doit satisfaire 4 types de besoins

Combler un client signifie bien plus que de trouver le produit correspondant à ses besoins. Ces derniers ne sont pas uniquement liés au produit qu'il achète. En fait, les clients ont quatre types de besoins à satisfaire et le vendeur qui arrive à les combler tous fidélisera rapidement sa clientèle.

- *Les clients ont des besoins liés au produit.* Il leur faut trouver l'article qui saura le mieux répondre à leurs attentes. Le choix du produit qui leur convient dépendra donc de leurs attentes et de l'utilisation qu'ils comptent en faire (une friteuse domestique ne constitue pas un bon achat pour un restaurateur).

- *Les clients ont des besoins liés aux services offerts par le commerce.* S'ils reçoivent des amis en fin de semaine et que le magasin de meubles leur offre de livrer leur mobilier de salon dans un mois, leurs besoins liés au produit sont peut-être comblés, mais ils ne se déclareront pas satisfaits pour autant. Les services liés à l'achat constituent également un des types de besoins ressentis par les clients.

- *Les clients ont des besoins relationnels.* Les clients ont besoin de se sentir bien avec leur vendeur. Non seulement doivent-ils lui faire confiance, mais ils ont aussi besoin de sentir qu'il est sur la même longueur d'onde qu'eux, qu'il comprend et accepte leurs motivations.

- *Les clients ont des besoins émotionnels.* Les consommateurs ont également besoin d'être fiers de leur achat. S'ils le sont, ils en parleront à leurs proches. S'ils ne le sont pas, honteux, ils s'enfermeront dans un mutisme ou, agressifs, ils crieront haut et fort leur insatisfaction. Pourquoi leur refuser le plaisir de faire la preuve qu'ils font un meilleur achat que leur beau-frère ou que, à l'écoute des besoins de leur conjoint, ils ont trouvé exactement ce que ce dernier souhaitait pour son anniversaire ?

Quand il entre en relation avec un client, le vendeur-entrepreneur est conscient de ce quadruple défi. Il ne se contente pas de combler les besoins liés au produit; il s'assure de satisfaire son client sur les quatre tableaux.

6e PRINCIPE : il est possible de développer une relation de confiance avec les deux tiers des consommateurs

Un client se présente à votre commerce à une minute de la fermeture, alors que vous avez déjà éteint une partie des lumières. Il annonce qu'il a besoin d'une cuisinière électrique.

Tout en vous efforçant de sourire, vous le laissez entrer puis vous verrouillez la porte. Après avoir remis l'éclairage du rayon des appareils électroménagers, vous entreprenez de lui poser quelques questions afin de mieux comprendre ses besoins. Au bout de 70 minutes, son choix s'arrête sur le modèle BFR-2022.

À ce moment, il regarde sa montre et mentionne qu'il est bien tard. Il vous demande votre carte et vous promet de confirmer l'achat par téléphone le lendemain matin. Le sourire aux lèvres, vous accédez à sa requête, non sans prendre en note ses propres coordonnées.

Le lendemain après-midi, puisque vous n'avez toujours pas eu de ses nouvelles, vous décidez de le rappeler. Il vous explique qu'il a trouvé le même appareil pour 15 $ de moins chez un de vos concurrents. Déçu et ne sachant pas quoi dire, vous raccrochez.

Quelles sont, d'après vous, les probabilités qu'un tel événement se produise ? Après tout, vous avez fait preuve de professionnalisme et vous vous êtes fendu en quatre pour trouver la cuisinière électrique qui ferait le bonheur de ce client.

Ce peut être difficile à croire, mais le tiers des clients que vous rencontrerez ne sont motivés que par le prix. Ne soyez donc pas surpris de voir l'un de vos concurrents suggérer à un acheteur potentiel d'aller faire un tour dans votre commerce afin que vous leur proposiez un prix pour un produit et lui demander de revenir le voir pour conclure la vente. Certains vendeurs et acheteurs aiment et cherchent ce type de pratique. Ce sont des coureurs de prix.

Ce n'est pas facile à accepter, mais c'est une réalité que vous ne pouvez changer. Heureusement, les deux tiers des clients cherchent plutôt à établir une relation de confiance avec leur vendeur. Si vous souhaitez prospérer, c'est sur eux que devra porter votre programme de développement de la clientèle, que vous élaborerez au chapitre 12.

À retenir

1. Si le client n'a pas confiance en son vendeur, il n'achètera tout simplement pas.

2. Le client n'achète pas un produit, mais des bénéfices.

3. Les mécanismes de perception d'un client sont initialement vierges.

4. Pour se déclarer satisfait, le client doit avoir l'impression qu'il en a pour son argent.

5. Le vendeur doit satisfaire quatre types de besoins : ceux liés aux produits et aux services offerts par le commerce, de même que ceux de nature relationnelle et émotionnelle.

6. Il est possible de développer une relation de confiance avec les deux tiers des consommateurs.

3 〉 *Les boutons d'influence*

Vous entrez dans une bijouterie et apercevez, côte à côte, deux bijoux qui vous semblent identiques. Or, le prix du premier est de 58 $ tandis que celui de son voisin est de 279 $. Qu'en déduisez-vous ? Si vous êtes comme la majorité des consommateurs, vous présumez que le bijou étiqueté à un prix plus élevé est de meilleure qualité et qu'il est normal, dans ce cas, de le payer plus cher. Votre esprit vous pousse à faire l'équation « prix plus élevé = meilleure qualité ».

Qu'est-ce qui vous prouve que ces deux bijoux ne sont pas identiques ? Le bijoutier a peut-être agi sciemment en étiquetant deux produits exactement semblables à des prix différents. Mais pourquoi vous en enquérir ? Vous avez déjà, inconsciemment, trouvé une explication à cette différence de prix.

Pour se simplifier la vie, les êtres humains sautent souvent aux conclusions. C'est ainsi qu'ils attribuent une valeur supérieure à un produit plus cher. Mais cet automatisme les rend également susceptibles d'être manipulés. Le bijoutier aurait pu apposer deux prix différents à deux produits identiques.

Alors que le chapitre précédent nous a permis de présenter ce qui se passe dans l'esprit du consommateur au moment de faire son achat, ce chapitre-ci se penchera sur les facteurs qui influencent les êtres humains dans tous les aspects de leur vie.

Dans une importante étude effectuée il y a plusieurs années, Robert Cialdini, chercheur américain spécialisé en psychologie sociale, a découvert sept «boutons d'influence» qu'il importe de bien comprendre si l'on souhaite jouer pleinement son rôle auprès des clients. Ces boutons d'influence sont à la base de tout ce que nous vous présenterons dans la deuxième partie de ce livre.

Le contraste

Les êtres humains ne perçoivent pas la réalité ; ils s'en fabriquent une qui correspond au contexte dans lequel ils se trouvent. Ainsi, un objet n'aura pas la même valeur selon qu'on le voit dans un contexte ou dans un autre.

Un canapé paraîtra beaucoup plus grand à un client si on lui a présenté une petite causeuse juste avant. Un manteau à 400 $ semblera bien plus cher aux yeux du client si on lui en a montré un à 63 $ quelques minutes plus tôt. Un article garanti un an semblera bien moins fiable si on le présente à son client tout de suite après lui avoir montré un article garanti cinq ans. Tout est relatif.

Comment pouvez-vous utiliser le contraste en vente ? Voici quelques possibilités qui seront détaillées dans la deuxième partie.

- Un client se présente dans votre mercerie pour acheter un complet, une chemise et une cravate. Vous commencez par lui vendre un complet parce que vous savez que vous serez en mesure, par la suite, de lui faire acheter une chemise et une cravate de meilleure qualité. Après tout, qu'est-ce qu'une cravate de 50 $ quand on vient de s'acheter un complet à 595 $?

- Un agent immobilier montre à un client une maison surévaluée et présentant de nombreux défauts avant de lui faire visiter la maison qu'il compte lui vendre. Il sait qu'en présentant les maisons dans cet ordre, son client sera plus que ravi par la seconde visite.

- Avant de suggérer à son client d'essayer un matelas, Denis lui demande de décrire comment il se sent quand il est étendu sur le sien. Le client le lui explique tout de suite, et cette description a pour effet d'augmenter l'impression de confort qu'il ressentira en s'étendant sur un nouveau matelas.

- Avant d'appeler le manufacturier pour connaître le délai de livraison, Danielle explique à sa cliente que cela prend généralement 10 semaines. Celle-ci est donc agréablement surprise quand la compagnie lui promet sa livraison d'ici huit semaines.

- Gabriel s'est procuré un ordinateur chez un concurrent. Quand un client lui demande si son produit est supérieur, il lance simultanément un même programme informatique sur les deux ordinateurs. Celui que vend Gabriel termine toujours son travail bien avant le produit du concurrent.

L'être humain fonde son jugement sur ce qu'il vient tout juste de percevoir. Ce qui est important, c'est moins la réalité dans son ensemble que les écarts perçus. Apprenez à bien présenter vos produits et ils seront plus intéressants aux yeux du client.

La réciprocité

Quand un être humain reçoit quelque chose qui a de la valeur pour lui, il se sent immédiatement «en dette» à l'égard du donateur. Il ressent une tension qui ne se dissipera qu'au moment où il se sera acquitté de sa «dette» envers lui.

Ainsi, si vous vous rendez dans une agence de voyages et que l'agent vous consacre toute son attention, s'efforce de trouver les brochures présentant les destinations qui vous intéressent, contacte les compagnies aériennes pour s'assurer que des places sont disponibles aux dates que vous avez choisies et vous offre de précieux conseils pour accélérer la délivrance de vos passeports, vous aurez de la difficulté à ne pas acheter de lui. C'est une réaction tout à fait normale : la réciprocité est enracinée dans la nature humaine. Nous ressentons tous cette tension quand quelqu'un nous donne quelque chose qui a de la valeur à nos yeux.

Comment pouvez-vous utiliser la réciprocité en situation de vente ? Voici quelques exemples.

- Votre client hésite. Il ne sait pas si ce mobilier de salon aura fière allure chez lui. Afin de le rassurer, vous lui proposez de vous rendre à son domicile et d'apporter des échantillons de tissus. Quand, après une heure et demie de consultation, vous découvrez enfin les couleurs qui optimiseront son décor, il se sent obligé de procéder à l'achat.

- Un client se présente à vous, un peu gêné. La paire de lunettes que vous lui avez vendue cette semaine est déjà endommagée parce que son fils l'a laissée tomber dans la rue. Avec un clin d'œil complice, vous lui dites que le remplacement ne lui coûtera pas un sou parce que vous pouvez prétendre qu'il s'agit d'un problème de fabrication.

Le client pousse un soupir de soulagement, et vous sentez immédiatement qu'il fera partie de votre clientèle pour de nombreuses années.

- Un couple se présente à votre magasin avec un enfant. Prestement, vous tirez de votre poche un ballon, que vous gonflez avant de l'offrir à l'enfant. Celui-ci s'en empare, les parents sourient, et votre vente a plus de chances de réussir.

- Vous savez que l'article qu'a choisi votre client sera offert à prix très réduit dès le lendemain. Vous le lui faites remarquer et lui proposez une mise de côté plutôt qu'un achat immédiat. Le sourire aux lèvres, il vous remercie tout de suite.

- En colère, un client vous appelle parce que vos livreurs ont endommagé son perron durant la livraison. Vous l'écoutez avec respect, sans l'interrompre, puis vous prenez en main la résolution du problème. Le client aura de la difficulté, lors de son prochain achat, à ne pas vous faire confiance.

Dans tous les cas, vous avez offert à votre client un bénéfice qu'il valorisait : une consultation privée, un service attentionné, le sourire de son enfant, une économie supplémentaire et un service après-vente irréprochable.

La réciprocité est un agent puissant. Dans le cadre des relations commerciales, les experts en marketing lui ont même donné un autre nom : la fidélisation de la clientèle. Le client qui constate qu'on lui en a donné bien plus que ce à quoi il était en droit de s'attendre décide souvent de réserver sa clientèle au commerce qui lui a offert ce service hors pair.

Mais faites attention ! La réciprocité peut également vous jouer des tours. Supposons qu'un voisin vous rende service en vous aidant gentiment à refaire votre toiture par un beau dimanche de juin. Le lendemain, il se présente dans la mercerie où vous travaillez et vous laisse entendre qu'il mérite bien une réduction pour bon voisinage. Comment réagissez-vous ?

Vous pourriez certes lui offrir une réduction, mais est-ce une bonne idée ? Après tout, lors de son prochain achat, il s'attendra à la même chose. Vous pourriez simplement lui dire non et risquer de perdre sa clientèle, mais vous ne souhaitez pas ça non plus.

La règle à suivre en pareil cas consiste à ne pas confondre affaires personnelles et affaires professionnelles, et à prévenir les coups : vous auriez pu, par exemple, offrir deux billets de spectacle à votre voisin à la fin de votre journée de travail.

L'engagement

Dès qu'un être humain s'est engagé publiquement dans un processus, il rectifie l'image mentale qu'il a de lui-même et agit par la suite de manière conséquente avec cette nouvelle image. Par exemple, si votre client s'imagine au volant de la voiture que vous tentez de lui vendre, les chances qu'il procède à son achat sont plus grandes.

Un vendeur-entrepreneur fera donc en sorte, tout au long de sa présentation, que son client fasse l'expérience du produit en s'imaginant propriétaire ou en faisant l'expérience de la possession. Voyons quelques exemples.

- Un vendeur s'adresse à des clients qui souhaitent acheter un lit pour leur bébé qui naîtra dans deux mois : « Si je comprends bien, vous vous préoccupez de la sécurité de votre enfant et vous souhaitez connaître ce qui différencie un lit sécuritaire d'un lit qui respecte tout juste les standards. C'est bien cela ? » Si un des conjoints répond par l'affirmative, il y a fort à parier que le couple repartira avec un lit haut de gamme.

- Un consommateur à la recherche d'une automobile neuve hésite à se livrer à un achat. Le vendeur lui propose un essai de route de la manière suivante : « Pourquoi n'allez-vous pas l'essayer ? Mais ne vous contentez pas d'un petit essai. Passez par chez vous, faites monter les enfants et partez en famille. » Si le client se prête à l'exercice, les chances de le voir acheter la voiture augmenteront rapidement au fil de la randonnée, à mesure que ses enfants s'extasieront.

- Un vendeur vient tout juste d'expliquer à sa cliente comment on fait l'installation d'un plancher en stratifié préverni. Il termine sa présentation ainsi : « Imaginez comment votre vie sera simplifiée ! Le moindre dégât des enfants sera effacé en un tournemain ! Vous n'aurez plus à frotter autant pour garder votre foyer propre. » S'il a clairement défini les préoccupations de sa cliente et s'il utilise les mots justes, un sourire naîtra sur les lèvres de cette dernière et son désir d'acheter sera plus grand encore.

- Le boucher de Pierre lui explique en ces termes les avantages qu'il obtiendra s'il se procure ses meilleurs steaks : « Je peux déjà imaginer vos invités, humant l'air en se léchant les babines et repartant de chez vous avec le sourire, contents d'avoir partagé un aussi bon repas. » Si son boucher a utilisé les mots qui font vibrer son client (nous expliquerons comment les déterminer au chapitre suivant), Pierre repartira heureux, les fameux steaks en main.

Chaque fois que vous arrivez à modifier la perception du client de telle sorte qu'un produit ne lui paraisse plus étranger à son existence, vous augmentez son désir de posséder l'article en question.

L'autorité

Les médias nous abreuvent chaque jour de statistiques officielles et, au moindre événement, ils convoquent des spécialistes qui tenteront d'expliquer aux néophytes que nous sommes les tenants et les aboutissants d'une situation. Ces experts sont présentés en long et en large (titres, études, ouvrages, etc.) et on s'adresse toujours à eux avec la plus grande déférence.

De leur côté, les gouvernements, au nom de la sécurité publique, mandatent des organismes pour apposer leur sceau sur certains produits avant qu'ils soient mis en vente. On nous explique que si le sceau est présent, le produit est sécuritaire.

Après avoir subi ce traitement pendant des années, il n'y a rien d'étonnant à ce qu'on croie tout ce qui sort de la bouche d'un spécialiste. Après tout, dès la petite enfance, on nous a appris que les personnes en situation d'autorité avaient raison. Or, cette propension à croire le spécialiste peut être mise à profit dans la vente.

- Un vendeur présente un four à micro-ondes à son client et lui fait remarquer qu'il s'agit du même modèle que celui utilisé dans une émission de télé où des artistes font de la cuisine. Le client se livre immédiatement à cette réflexion : si on l'utilise à la télévision, ça doit être un bon appareil.

- Un commis mentionne à son client que le dentifrice qu'il lui suggère arbore le sceau de l'Association dentaire canadienne. Du coup, le client suppose qu'il s'agit d'un produit de qualité supérieure.

- Un vendeur de voitures fait remarquer à son client, un jeune conducteur fougueux, que le modèle qu'il lui présente est le même que celui utilisé dans une poursuite automobile du dernier film de Sylvester Stallone.

- Un vendeur d'appareils électroménagers ouvre une revue consacrée à la protection des consommateurs et montre à son client que le modèle qu'il lui suggère a été déclaré « meilleur achat » à la suite de tests comparatifs effectués par une organisation réputée.

Les gens ont le doute moins facile quand une affirmation provient d'une personne qu'ils croient être un spécialiste. De plus, en faisant référence à ces figures d'autorité, vous voyez une partie de leur crédibilité rejaillir sur vous.

La preuve sociale

Quand un être humain se trouve dans l'incertitude, il a tendance à regarder comment réagissent ceux qui l'entourent et à les imiter. Cela lui évite d'avoir à chercher lui-même, par essais et erreurs, le comportement optimal à adopter dans cette situation.

C'est ainsi que, lorsque vous visitez une ville inconnue, vous allez manger dans un restaurant dont le stationnement est rempli plutôt que dans un restaurant qui semble déserté. Vous vous dites que les gens de la place savent où l'on mange le mieux dans le coin.

Vous avez également déjà remarqué que, lorsque le magasin est bondé et que les clients sont acheteurs, cela a un effet d'entraînement sur ceux qui arrivent et accélère le processus de vente. Si tout le monde achète, se disent les clients, c'est qu'on fait de bonnes affaires ici.

Voici d'autres exemples qui montrent que la preuve sociale peut avoir un effet direct sur le désir d'acheter.

• Chez un concessionnaire d'automobiles, les clients ont accès à un babillard où sont épinglées des lettres de clients satisfaits. Il leur suffit d'en lire quelques-unes pour se convaincre qu'ils sont dans un établissement digne de confiance. Du coup, leur crainte de se tromper diminue grandement.

- Après lui avoir présenté les caractéristiques d'une motomarine, un vendeur propose à son client d'appeler une personne ayant fait l'acquisition du même modèle trois semaines auparavant. Le client contacte tout de suite le propriétaire de l'engin, qui l'assure qu'il s'agit d'un très bon achat.

- Devant le modèle de planche à voile qu'il lui suggère d'acquérir, un vendeur explique à son client que c'est le modèle préféré des jeunes aimant les sensations fortes et qu'il s'agit d'un produit à succès.

- Le client de Carole hésite. Elle lui confie alors qu'elle comprend bien son hésitation, puisqu'elle s'est posé les mêmes questions avant de faire l'acquisition d'un ordinateur XM-899. Elle précise ensuite qu'elle ne reviendrait pas à son ancien ordinateur, maintenant qu'elle a fait l'expérience de ce qu'offre la gamme XM.

- Le jour marquant le début de sa vente annuelle, le propriétaire tarde à ouvrir sa boutique de vêtements afin que s'allonge la file de clients qui attendent à la porte de son commerce. Il photographie ensuite la foule avant de déverrouiller la porte. Le lendemain, cette photo sera utilisée pour montrer aux autres consommateurs l'engouement que suscite cette vente « sans précédent ».

Lorsqu'ils sont dans le doute, nombre de vos clients se demandent ce que feraient d'autres personnes dans la même situation. Si vous leur fournissez cette information, ils auront davantage envie d'acheter.

La rareté

Il y a trois ans, on a annoncé au téléjournal que, si la tendance se maintenait, les magasins du Québec manqueraient bientôt de ces grappes de lumières en forme de glaçons que l'on pend aux toits des maisons à l'approche de Noël. Dès le lendemain, les consommateurs (même ceux qui n'avaient jamais pensé acheter de telles décorations) se sont rués dans les commerces et, effectivement, il y a eu pénurie.

En 1983, une situation semblable s'était présentée : des clients en étaient venus aux coups, dans les grands magasins, voulant à tout prix se procurer les dernières poupées Bout'chou.

En situation de rareté, la valeur perçue d'un produit grandit aux yeux d'une personne. Cette dernière aura moins tendance à remettre en question le bien-fondé de son achat.

Cet aspect du comportement humain est des plus utilisés en publicité. Il est la raison d'être des « quantité limitée », des « premier arrivé, premier servi », des « tant qu'il y en aura » ou des « pour les 200 premiers clients seulement ». On peut également user de la rareté en situation de vente.

- À un client qui vient de déclarer qu'il va se donner la nuit « pour y penser », Lyse précise qu'il ne reste que cinq de ces articles en stock et qu'ils s'envolent très vite.

- À un client hésitant, Isabelle indique que la couturière sera partie dans 30 minutes et que, s'il souhaite porter son nouveau pantalon ce soir, il doit se décider rapidement.

- Édith doit se choisir une robe de bal. Nicole lui apprend qu'elle ne vend pas deux robes identiques à deux finissantes de la même école. Cette garantie d'exclusivité ravit Édith qui indique immédiatement la robe de bal qui lui plaît le plus.

Les êtres humains confondent souvent valeur et rareté. Si vous comprenez bien ce phénomène, vous êtes en mesure de vendre plus souvent et plus facilement.

L'appréciation

Les êtres humains préfèrent dire oui aux gens qu'ils apprécient et éprouvent moins de difficulté à dire non à ceux qui les énervent. C'est ainsi que, si un vendeur m'appelle et mentionne qu'une de mes bonnes amies lui a suggéré de communiquer avec moi, j'aurai de la difficulté à ne pas écouter son propos parce qu'à mes yeux, lui raccrocher au nez signifierait raccrocher au nez de ma bonne amie.

Depuis des années, les psychologues cherchent à découvrir les facteurs qui font que les gens apprécient davantage une tierce personne. Derrière ces recherches se cache l'espoir que, si un vendeur parvient à se faire apprécier de ses clients, ceux-ci auront davantage envie de lui dire oui. Dans une brillante étude, Robert Cialdini, professeur de psychologie à l'université d'Arizona, révèle que les chercheurs ont isolé quatre facteurs grâce auxquels, en quelques minutes seulement, un client appréciera davantage un vendeur.

Il y a tout d'abord les *similarités*. Il semble que nous apprécions davantage les gens avec qui nous partageons certains traits. Il peut s'agir d'éléments apparents (langue d'origine, tenue vestimentaire), d'opinions, de comportements ou d'une façon de voir le monde. Ces similarités peuvent être utilisées de multiples façons dans la vente.

- Yves tente de vendre une voiture à un client et, en jetant un coup d'œil au véhicule que ce dernier compte offrir en échange, il a remarqué qu'un sac de bâtons de golf se trouvait dans le coffre arrière. Dix minutes plus tard, il confie à son client qu'il espère que le temps sera beau en fin de semaine parce qu'il projette de faire un parcours de 18 trous samedi. Son client, le sourire aux lèvres, lui révèle alors que lui aussi aime bien le golf.

- Le client de Danielle est extraverti ; il parle fort, interrompt souvent les autres et s'exprime rapidement. Danielle s'adapte à lui en parlant plus vite et en faisant des gestes plus amples qu'à l'accoutumée.

Rapidement, son client se détend et sourit. Il a enfin l'impression d'avoir trouvé une vendeuse qui est sur la même longueur d'onde que lui.

Viennent ensuite les *compliments*, le deuxième facteur susceptible de nous faire apprécier davantage. Il semble que l'on fasse plus confiance aux gens qui nous complimentent et qu'on les apprécie encore plus. Encore une fois, voici quelques exemples.

• Denis a vu un client arriver dans le stationnement du commerce au volant d'une splendide automobile. Dès que l'homme entre dans le magasin, Denis va à sa rencontre et s'informe de la marque et du modèle du véhicule. Trop heureux, le client lui fait signe de le suivre afin de lui montrer son bolide. Ces quelques minutes d'attention ont suffi pour que le client trouve Denis très sympathique.

• En voyant arriver sa cliente et son bébé dans la librairie, Mireille s'approche et chatouille délicatement le cou du poupon en lui disant : « Tu es un beau bébé ! » La cliente sourit, tout comme son bébé.

Mais attention ! Un compliment offert mécaniquement, sans fondement, sèmera le doute dans l'esprit de votre client et fera chuter votre crédibilité. Si vous ne trouvez pas de compliment honnête à exprimer, n'en faites pas.

Une attitude de *coopération* peut également vous rendre plus sympathique aux yeux des clients. Nous apprécions plus les gens qui agissent en partenaires que ceux qui se conduisent en adversaires.

• Le client de Gilles explique à ce dernier qu'à cause de son travail il ne peut recevoir son mobilier de chambre que le vendredi. Or, le client habite Acton Vale et les livraisons ne se font que le samedi dans cette ville. Conciliant, Gilles lui dit : « Je vais aller en parler à ma patronne. » Le client est content d'avoir trouvé un allié.

• Furieuse de s'être fait livrer un produit abîmé, une cliente se présente à Danielle. Cette dernière l'écoute un instant puis lui dit : « Je comprends que vous soyez en colère. Je le serais également dans votre situation. Aimeriez-vous que nous trouvions ensemble un moyen de vous satisfaire ? » La cliente finit par sourire. Alors qu'elle s'attendait à une confrontation, elle a trouvé une partenaire.

L'*association* constitue le dernier facteur permettant d'améliorer l'impression que vous faites sur vos clients. Nous apprécions davantage les personnes que nous pouvons associer à des pensées positives.

Ainsi, nous aimons d'entrée de jeu le vendeur souriant, avec qui nous avons un bon contact visuel, et qui adopte une attitude positive, semble content de nous voir et paraît apprécier son travail. Au contraire, nous ne souhaitons pas nous associer à un vendeur déprimé, au regard fuyant et qui rabâche les mauvaises nouvelles de l'actualité. Si vous pouvez ressembler au premier vendeur (c'est possible avec un peu d'effort), les clients vous apprécieront davantage.

En somme, les êtres humains préfèrent dire oui aux gens qu'ils aiment, et ils aiment davantage les gens qui leur ressemblent, qui les complimentent honnêtement, qui agissent avec eux comme des partenaires et qui peuvent être associés à des pensées positives.

Mais est-ce bien honnête ?

Vous vous êtes peut-être demandé, pendant la lecture de ce chapitre, s'il était honnête d'utiliser tous ces boutons d'influence dans le cadre de vos activités professionnelles. Rassurez-vous : nous vous encourageons à les utiliser dans la mesure où vous respectez deux petites conditions.

- Les renseignements que vous fournissez sont véridiques. Vous ne devez jamais transmettre une information si elle n'est pas exacte et vérifiable.

- Vous visez une transaction qui fera deux gagnants : votre client et vous. Si vous comptez être le seul à en profiter, vous vous tirez dans le pied et, tôt ou tard, vous regretterez vos gestes.

Si vous avez inventé des statistiques ou des témoignages de clients satisfaits, si vous déclarez qu'il ne vous reste qu'un seul article alors qu'il en reste plusieurs, si vous faites des compliments qui n'ont aucun fondement, vous vous rendrez rapidement compte que votre marché est petit et que les rumeurs (surtout quand elles sont fondées) se répandent à la vitesse de l'éclair. Vous remarquerez que les clients commenceront à vous éviter et qu'ils ne souhaiteront pas obtenir vos conseils. Pire encore, ils risquent de fuir le commerce où vous travaillez.

Utiliser de faux renseignements crée rapidement un vide autour de soi. Si vous recherchez une relation où vous seul êtes gagnant, le vide ainsi créé sera interne. Votre estime personnelle diminuera. Vous aurez de la difficulté à rentrer au travail avec enthousiasme. Au bout de quelques mois, vous réaliserez que vous avez perdu votre temps.

Apprenez à utiliser les boutons d'influence en véritable professionnel. Vous rendrez service à vos clients en leur mentionnant qu'un article est offert en quantité limitée (si c'est vrai), qu'un produit a été désigné comme le meilleur de sa catégorie (si c'est vérifiable), que vos clients sont à ce jour ravis de leur achat (si vous avez en main des témoignages de satisfaction) ou que votre produit est supérieur à celui de vos concurrents. Pourquoi inventer quand, avec un peu de recherche, on peut trouver de vrais avantages à nos produits ?

À retenir

Les êtres humains réagissent à sept boutons d'influence qu'un vendeur professionnel doit connaître et utiliser de façon éthique s'il veut prospérer. Ces sept facteurs sont :

- Le contraste
- La réciprocité
- L'engagement
- L'autorité
- La preuve sociale
- La rareté
- L'appréciation

Deuxième partie

Le processus de la vente au détail

4 ⟩ « *Bonjour!* » *(et après?)*

Nous entreprenons dans ce chapitre notre analyse du processus de la vente au détail. Vous y découvrirez, en huit étapes, ce qui distingue les vendeurs-entrepreneurs des vendeurs-machines distributrices. Nous commencerons par le moment le plus important de la vente : la prise de contact.

Pendant cette première étape, le client se fait une idée de vous et décide si, oui ou non, il vous fera confiance. Pour les besoins de ce chapitre, nous diviserons la prise de contact en deux temps : la salutation et la prise en charge.

La structure de ce chapitre est simple : nous vous présentons d'abord l'état d'esprit du client qui entre dans un commerce de détail pour la première fois. Nous exposons ensuite les conséquences de cet état d'esprit et ce que vous pouvez faire pour que le client accepte que vous preniez les rênes de la rencontre.

Rappelez-vous que ce chapitre a été élaboré en fonction des concepts présentés dans la première partie. Si vous êtes passé directement à ce chapitre sans lire les trois premiers, vous risquez certes d'apprendre certains trucs, mais vous ne comprendrez pas pourquoi ils sont efficaces. Ne vous contentez pas d'un apprentissage aveugle.

L'attitude initiale du client

Les expériences antérieures de votre client dans d'autres commerces de détail ont un effet important sur son attitude initiale à votre égard. Il a peut-être déjà rencontré des vendeurs « bêtes » qui ont modifié sa perception du rôle de vendeur. Voyons quelques-unes des « bêtes » que le consommateur n'aime pas.

- Le client a peut-être déjà rencontré des *pies*. C'est le nom par lequel on décrit ces vendeurs qui se tiennent en groupe, un café à la main, et qui discutent de leur fin de semaine, de la gastro de leur enfant ou des dernières frasques des politiciens. Quelquefois, la pie est toute seule et parle au téléphone. Dans tous les cas, le client se sent mal à l'aise de déranger une pie et préfère aller acheter ailleurs.

- Le consommateur peut aussi avoir rencontré une *mouche*. La mouche colle au client et ne cesse de parler. Dans un commerce de vêtements pour dames, par exemple, la mouche suit la consommatrice, lui parle constamment et répète « ça vous va tellement bien ! » L'effet produit par la mouche est instantané. À moins d'avoir absolument besoin du produit que vend la mouche, la cliente préférera la fuir en quittant le commerce. Nombre de ventes sont perdues chaque jour parce qu'une mouche n'a pas respecté le silence et la tranquillité souhaités par un client.

- Que dire de la *fourmi* ? Cette vaillante ouvrière s'occupe en l'absence des clients et en vient à confondre sa fonction dans le commerce avec ses activités accessoires. C'est ainsi que, dans une quincaillerie, la fourmi occupée à assembler un barbecue fera comprendre au consommateur qui lui pose une question que ce n'est pas le bon moment. Ne souhaitant pas déranger, le client s'arrange seul et, bien souvent, n'achète rien.

• Le consommateur doit également composer avec l'*araignée*. Ce type de vendeur traque le client, le suit de rayon en rayon et se déplace de telle sorte que celui-ci finit par être à sa portée. Le client se sent épié et peut même ressentir de l'angoisse. Certains se demanderont même s'ils sont soupçonnés de vol à l'étalage. Ce sentiment nuit au désir d'acheter, si bien que le client choisit la fuite.

• L'acheteur qui a rencontré un *paon* développe quant à lui une grande méfiance à l'égard des vendeurs. Le paon souhaite impressionner et n'admet jamais qu'il ignore la réponse à une question posée par le client. Si ce dernier est le moindrement renseigné, il ne manquera pas de s'apercevoir qu'il en sait plus que le vendeur...

• D'autres clients (surtout des femmes) auront rencontré un *hibou*. Cet animal sait tout et il comprend que vous ne sachiez rien. C'est donc avec condescendance, du haut de son perchoir, qu'il vous fait réaliser à quel point vous êtes nul. Au sortir d'une rencontre avec un hibou, le consommateur se sent dévalorisé.

Avez-vous déjà rencontré l'une ou l'autre de ces bêtes ? Prenez quelques instants pour vous rappeler ce que vous avez éprouvé lors d'une rencontre avec une pie, une mouche, une fourmi, une araignée, un paon ou un hibou. Que ressentent vos clients quand vous jouez l'un de ces rôles ?

Ses contacts antérieurs avec d'autres vendeurs ont profondément influencé votre client. Il est probable que, sans même savoir qui vous êtes, il se soit déjà formé une opinion à votre sujet. Après tout, il ne vous connaît pas encore et, à ses yeux, vous n'êtes qu'un vendeur. Voici ce que pense le client.

- *Il ne croit pas que vous ayez vraiment envie de lui être utile.* Il pense plutôt qu'il vous dérange et que vous avez hâte de le voir partir pour reprendre votre discussion avec vos collègues ou terminer l'assemblage de ce maudit barbecue !

- *Il soupçonne qu'il en sait autant sinon plus que vous.* Après tout, il a peut-être fait des études, et vous pas. Il connaît beaucoup de vendeurs qui proposent un produit mais qui ne se tiennent pas au courant de ce qui se passe dans leur secteur d'activité. Il lui est donc facile de déprécier mentalement la valeur de votre savoir.

- *Il croit que vous êtes payé pour lui vendre un produit, et non pour lui être utile.* Il a tellement rencontré de vendeurs dont le seul but était de remplir une facture qu'il redoute que ce soit aussi votre cas et que vous réussissiez à lui vendre un produit qui ne comblera pas ses besoins.

- *Il pense que vous gagnez davantage si vous l'escroquez.* À tort ou à raison, il suppose que vous jouissez d'une bonne marge de manœuvre et qu'il existe un lien direct entre votre rémunération et votre capacité de le flouer.

- *Il ne croit pas que vous respecterez sa décision s'il choisit de ne pas acheter.* Il a rencontré tellement de vendeurs qui deviennent brusques quand ils sentent la vente leur échapper qu'il préfère vous éviter, même s'il est probable qu'il achète. Pourquoi courir des risques ?

Votre client a été conditionné. Il s'est préparé au pire au moment de pénétrer dans un commerce. Si vous ratez votre prise de contact, ses appréhensions seront confirmées.

Votre défi

Votre défi, lors de la prise de contact, est donc de montrer au client que vous ne correspondez pas aux petites bêtes décrites précédemment et qu'il existe des vendeurs en qui l'on peut avoir confiance. Plus votre client aura rencontré de vendeurs incompétents, plus le défi sera difficile à relever, mais plus grandes seront les chances qu'il devienne un client fidèle au terme du processus.

Vos objectifs, au cours des deux premières minutes de votre rencontre, consistent à lui prouver:

• que vous ne constituez pas une menace pour lui;

• que vous êtes heureux de le rencontrer;

• que vous êtes à l'écoute de ses besoins;

• qu'il a toutes les raisons de vous faire confiance parce que vous n'êtes ni une pie, ni une mouche, ni une fourmi, ni une araignée, ni un paon, ni un hibou.

Si vous ne relevez pas ce défi, le client mettra en doute la moindre de vos affirmations et se posera constamment des questions sur vos motivations réelles. Le reste de ce chapitre sera consacré à l'atteinte de ces quatre objectifs.

La salutation

La salutation constitue la première partie de la prise de contact. Elle dresse la table pour la vente à venir et instaure une relation qui vous permettra de prendre la rencontre en charge par la suite.

«Bonjour, puis-je vous aider?» Partout dans le monde, chaque jour, des milliers de vendeurs saluent leurs clients de cette façon. Ces derniers répondent majoritairement ceci: «Non merci, je fais seulement le tour.» Les vendeurs répondent alors: «Très bien. S'il y a quoi que ce soit, n'hésitez pas à me faire signe. Je m'appelle…»

Qu'y a-t-il d'inefficace dans cette salutation? Nous avons décelé **quatre inconvénients.**

- Il est très facile de répondre à cette salutation par la négative. Si le client le fait et que vous ne souhaitez pas paraître impoli, il ne vous reste qu'à vous effacer et à souhaiter qu'il vous fasse signe.

- Souvent, le client n'est pas en mesure de bien regarder parce qu'il ignore *où* regarder. Rappelez-vous qu'à son arrivée dans le commerce ses mécanismes de perception sont encore vierges — à moins qu'il ne soit envoyé par un concurrent.

- Il ne croit pas que vous ayez vraiment envie de lui être utile. Pourquoi répondrait-il par l'affirmative? Il ne veut pas être dupe.

- Cette formule lui donne l'impression que vous souhaitez passer tout de suite à l'étape de la vente. Êtes-vous content de le voir? Avant de lui demander ce qu'il cherche, il faudrait au moins que vous établissiez un semblant de relation avec lui.

Aucune formule ne convient à toutes les circonstances. Les commerces de détail varient trop pour permettre une uniformisation des salutations. Cependant, en suivant quelques principes, vous serez en mesure de trouver la formule qui vous convient le mieux et faire ainsi bonne impression dès les premières secondes de votre rencontre.

Une bonne formule de salutation devrait respecter quatre conditions : on ne doit pas pouvoir y répondre par la négative, vous devez vous sentir à l'aise quand vous l'utilisez, elle doit refléter le statut de votre entreprise (vous ne direz pas «mes hommages» si vous vendez des jeans dans un quartier défavorisé) et vous permettre de faire une bonne impression.

Ainsi, un simple «bonjour !», énoncé avec le sourire et un enthousiasme évident, peut souvent être suffisant. Vous pouvez également enrichir la formule : «Bonjour ! Bienvenue chez...» ou «Bonjour ! Quelle belle journée, n'est-ce pas ?» La salutation n'a pas pour but de lancer la vente, mais d'établir une relation entre le client et vous.

Et ne pensez pas que ces principes sont réservés à la vente de produits haut de gamme. Un beau bonjour, lancé à notre attention quand nous entrons dans un dépanneur, peut illuminer notre journée.

Les préalables à la salutation

Avant même de saluer votre client, vous devriez procéder à un petit examen personnel. Que pensera-t-il en vous apercevant et comment réagirez-vous à son égard ?

Commençons par votre apparence. Que communique-t-elle ? Vous trouverez à la page suivante une grille présentant divers aspects de votre apparence. Inscrivez dans la deuxième colonne le message que chacun de ces aspects envoie aux clients. Demandez-vous également si ce message correspond aux attentes de votre clientèle. Dès le premier regard, le consommateur se fera une idée de vous et de votre professionnalisme. Si votre apparence ne correspond pas à l'image qu'il se fait d'un professionnel, votre crédibilité sera au plus bas avant même que vous commenciez la vente.

CE QUE LE CLIENT PERÇOIT	CE QUE VOUS COMMUNIQUEZ
Vos vêtements	
Votre posture	
La qualité de votre contact visuel	
Votre coupe de cheveux	
Votre maquillage ou votre barbe	
Votre odeur	
Votre sourire	
Vos mains	
Vos habitudes (gomme à mâcher, etc.)	
Votre insigne porte-nom	

Voilà donc pour votre apparence extérieure. Traitons maintenant de votre apparence intérieure, soit votre état d'esprit. Que souhaitez-vous accomplir au cours d'un premier contact ? Espérez-vous que le client vous dira « qu'il ne fait que regarder » ou qu'il vous demandera rapidement de l'aider ? Souhaitez-vous qu'il ne reste pas trop longtemps parce que votre pause commence dans 14 minutes ? Regrettez-vous que ce soit à vous d'aller vers lui parce que ce client ne semble pas acheteur ?

Dans une communication, il semble que notre état d'esprit initial soit plus important que les mots que nous utilisons pour saluer. Si vous avez hâte de voir le client quitter le magasin, votre posture et votre voix lui communiqueront ce fait rapidement. Si, au contraire, vous êtes ravi de le rencontrer et que vous avez envie d'établir une bonne relation avec lui, il le sentira. Apprenez donc à cultiver des idées positives avant de saluer vos clients.

Vous devriez penser, avant de saluer un client, qu'il est la personne la plus importante que vous rencontrerez aujourd'hui. Si vous arrivez à ressentir cela, votre corps trouvera le moyen de le communiquer. Rappelez-vous que 55 % de ce que nous communiquons est transmis par notre corps et nos gestes.

Nous disons bien ici «saluer», et non «aborder» les clients. Si vous vous approchez à grands pas vers le client en lui demandant «puis-je vous aider?», vous remarquerez qu'il reculera immédiatement d'un pas. C'est ce que font les êtres vivants quand leur espace vital est menacé. Lorsque vous saluerez un client, tenez-vous debout, en position fixe, à au moins trois mètres de lui; vous lui prouverez ainsi que vous ne constituez pas une menace.

Le premier contact verbal

Le client vient d'entrer. Votre apparence est irréprochable. Intérieurement, vous êtes ravi de le voir et vous avez hâte de lui être utile. Debout et immobile, vous vous trouvez à environ trois ou quatre mètres de lui. Il ne vous resterait, en théorie, qu'à le saluer. Mais assurons-nous, avant de le faire, que votre corps, lui aussi, communique ce que vous souhaitez.

• Votre posture devrait être ouverte. Évitez de croiser les bras ou de serrer les poings et tournez votre corps vers votre client. Il faut qu'il sache, quand vous le saluerez, que c'est bien à lui que vous vous adressez.

- Regardez son visage. Si vous regardez par terre, vous semblerez immédiatement suspect. Si vous examinez votre client de la tête aux pieds, vous deviendrez une menace. Les yeux sont le miroir de l'âme. Établissez un bon contact visuel et vous semblerez plus digne de confiance.

- Souriez ! Rappelez-vous que l'un des facteurs qui vous fait apprécier des gens est la possibilité de vous associer à des pensées positives. Si vous souriez véritablement (sans sombrer dans la caricature), vous donnez l'impression que l'on gagne à vous connaître.

- Assurez-vous de ne pas être penché vers l'arrière. Cette posture laisserait entendre que vous n'êtes pas intéressé par votre client. Au contraire, penchez-vous légèrement vers l'avant. Inconsciemment, votre vis-à-vis percevra votre intérêt et, se sentant accepté, il lèvera les barrières. Vous êtes maintenant prêt à le saluer.

Dites « bonjour ! » sans bouger d'un pas, puis ne parlez plus. Restez immobile. De cette façon, vous n'empiétez pas sur le territoire du client, et ce parce que vous ne souhaitez pas être perçu comme une menace.

Une importante chaîne américaine de grands magasins a fait une étude au milieu des années 1990, et il en est ressorti qu'un client salué à son arrivée dans un commerce de détail court sept fois plus de chances d'acheter qu'un client ignoré pas les vendeurs.

S'il s'agit d'un client fidèle, enrichissez votre salutation : « Bonjour, madame Poudrier ! Comment vous portez-vous aujourd'hui ? » Remarquez ici que nous utilisons le *vous*. Même si c'est la centième visite de cette cliente, vouvoyez-la encore. À moins que ce soit un membre de votre famille ou un compagnon de virée, évitez le *tu*.

Si vous ne connaissez pas le client, posez-lui une question dès qu'il a répondu à votre salutation, sans toutefois vous approcher de lui : « Est-ce votre première visite ici ? » Attendez sa réponse. La majorité des clients répondront à cette question par oui ou par non, mais une minorité se contenteront de vous poser à leur tour une question — «où sont les barbecues en spécial annoncés cette semaine?», par exemple, ou «avez-vous des cuisinières au gaz?»

Si le client vous pose une telle question, c'est qu'il souhaite passer le plus rapidement possible à l'objet de sa visite. Procédez tout de suite à la prise en charge. S'il répond par oui ou par non, continuez votre approche.

C'est sa première visite

Si le client répond qu'il en est à sa première visite, vous pouvez entamer une petite conversation sans rapport avec l'objet de sa venue. De cette manière, vous ne serez pas perçu comme un vendeur qui ne pense qu'à émettre une facture et à passer à un autre client. Rapprochez-vous alors de lui d'un ou deux pas.

Vous pouvez lui demander comment il a entendu parler du commerce, s'il vient d'emménager dans la région ou s'il a vu votre publicité.

Taisez-vous ensuite et écoutez. Ce qu'il va vous dire vous permettra de planifier votre stratégie de vente. Voyons quelques réponses possibles.

- *C'est une bonne amie qui m'a suggéré de venir ici.* Cette réponse vous apprend que le client a déjà une idée positive de votre commerce.

- *J'ai vu votre annonce dans le journal d'hier.* Cette réponse vous apprend que le client cherche une de vos promotions courantes.

- *Nous venons de nous établir dans cette ville et nous visitons les boutiques.* Cette réponse vous apprend que le client n'a pas encore développé d'habitudes de magasinage dans la région.

Vous pouvez maintenant passer à la prise en charge. La série de gestes que vous venez d'accomplir offre deux avantages : elle réduit l'anxiété du client et vous apporte de précieux renseignements qui vous serviront tout au long de la vente.

Ce n'est pas sa première visite

Si le client n'en est pas à sa première visite, les questions que vous lui poserez ne porteront pas sur les mêmes sujets : vous pouvez lui demander à quand remonte sa plus récente visite, avec qui il avait fait affaire ou s'il est au fait de vos promotions courantes.

Si sa plus récente visite remonte à un an, expliquez-lui ce qui a changé depuis et passez à la prise en charge. S'il vous mentionne qu'il est passé hier et qu'il a été conseillé par Lyse, offrez-lui de trouver Lyse immédiatement. S'il est intéressé par les promotions courantes, demandez-lui ce qu'il cherche en particulier.

La prise en charge

À ce moment, vous devriez avoir assez bien écouté votre client pour déterminer si, sur une échelle allant de 0 à 100, il est plus introverti qu'extraverti. Voici quelques exemples qui vous aideront à mieux « lire » votre client.

Le client extraverti parle rapidement et donne souvent l'impression de penser à voix haute. Il n'hésite pas à interrompre l'autre et, si on lui pose une question, il commence à répondre immédiatement, sans prendre le temps de réfléchir. De plus, ses gestes sont amples et il parle souvent fort.

Le client introverti est plus réservé. Parlant doucement, il réfléchit en silence, fait une pause avant de répondre, puis s'exprime en utilisant des phrases courtes.

SI VOTRE CLIENT EST EXTRAVERTI...	SI VOTRE CLIENT EST INTROVERTI...
Parlez plus vite.	Parlez plus lentement.
Parlez plus fort.	Faites des pauses.
Faites des gestes amples.	Soyez réservé dans vos gestes.
Hochez la tête quand il vous raconte ses exploits.	Réfléchissez avant de répondre à ses questions.

Il est essentiel de cerner le type de personnalité de votre client. Cela vous permettra d'adopter un comportement extraverti ou introverti et de lui montrer que vous lui ressemblez un peu. Rappelez-vous que la similarité est l'un des facteurs qui vous permettent de faire une impression favorable sur les autres.

Si vous négligez de déterminer le type de votre client et que vous jouez les extravertis devant un introverti, votre ton fort et vos gestes amples constitueront des menaces à ses yeux. Si, au contraire, vous agissez en introverti en présence d'un client extraverti, il vous trouvera effacé, sans substance.

Une fois que vous avez bien saisi votre client, vous êtes en mesure de diriger la rencontre. Vous le ferez en utilisant si possible une information qu'il vous a communiquée précédemment.

- Pourriez-vous me dire ce qui a particulièrement attiré votre attention dans notre publicité?

- Madame Pellerin vous a parlé en bien de nous! Je n'ai pas eu le plaisir de la voir au cours des dernières semaines. S'il vous plaît, dites-moi quelles sont nos forces selon elle?

- Vous avez donc fait l'acquisition d'un mobilier de salon ici l'an dernier. En êtes-vous satisfait?

• Vous cherchez le rayon des ordinateurs portables? Aimeriez-vous que je vous y accompagne et que je vous fasse part des promotions courantes?

Selon le cas, la salutation et la prise en charge peuvent prendre entre 30 secondes et 5 minutes. Cette phase s'achève au moment où le client vous présente l'objet de sa visite ou quand vous posez cette question : «Qu'est-ce qui vous amène ici aujourd'hui?»

À la fin de cette première phase de la vente au détail, votre client vous apprécie et, avant même d'avoir évalué votre crédibilité, il a décidé de vous donner votre chance. Vous allez maintenant tenter de découvrir ce qui l'amène au magasin aujourd'hui. Ce sera le sujet du prochain chapitre.

5 〉 *Sans besoins, pas de vente!*

Que penseriez-vous d'un médecin que vous rencontreriez pour la première fois et qui, dès votre entrée dans son bureau, rédigerait une ordonnance sans même prendre votre pouls, votre tension artérielle ou votre température? Il est probable que vous remettriez ses compétences en question et que vous demanderiez un second avis. Il en va de même dans la vente.

Chaque fois que vous passez de la prise de contact à la présentation d'un produit sans vous renseigner sur les besoins de votre client, vous commettez une faute professionnelle. Si vous êtes chanceux, le client achètera l'article et sera quand même satisfait. Si vous jouez de malchance, il vous quittera avant la fin de votre présentation.

L'établissement des besoins du client est une étape que l'on ne peut ignorer si l'on souhaite devenir un vendeur-entrepreneur prospère. Tous les clients sont différents et tous ont des besoins distincts. Si vous ne vous donnez pas la peine de comprendre les motivations de votre client, vos propositions ne susciteront pas en lui le sentiment qu'il a trouvé quelqu'un qui le comprend, qui est sur la même longueur d'onde que lui et qui pourra satisfaire ses besoins.

L'importance de l'écoute

Que se passe-t-il quand vous êtes en présence d'un client ? S'il faut en croire Miller et Heiman, vous parlez le plus clair du temps. Ces deux chercheurs ont divisé, dans un ouvrage intitulé *Conceptual Selling*, le temps qu'un vendeur et son client passent ensemble. Ainsi, une période d'une heure se découpe comme suit :

• Le vendeur parlera des caractéristiques de son produit pendant 31 minutes.

• Il abordera des sujets divers (la température, la circulation, le processus d'acceptation des demandes de crédit, etc.) pendant 8 minutes.

• Il posera des questions à son client pendant 9 minutes.

• Le client parlera pendant 12 minutes.

C'est donc dire que, dans la majorité des cas, le vendeur parle plus de 80 % du temps ! Pourtant, si vous souhaitez découvrir ce qui est important pour votre client et ce qui lui donnera envie d'effectuer un achat, c'est par l'écoute que vous y arriverez.

Faites un test. Vous trouverez à la page suivante une liste de 10 énoncés. Qualifiez chacun d'eux de vrai ou de faux. Si vous répondez « vrai » à au moins quatre reprises, vous devrez réapprendre à écouter.

ÉNONCÉS	VRAI	FAUX
Pour éviter d'avoir l'air idiot, je ne demande pas à mon client de se répéter, même si je n'ai pas tout à fait compris ce qu'il m'a dit.	❏	❏
J'interromps fréquemment mon client.	❏	❏
Je profite du fait qu'il parle pour préparer ma réplique suivante.	❏	❏
Je consulte souvent ma montre sans le cacher à mon client.	❏	❏
Il m'arrive de penser à autre chose pendant que mon client parle.	❏	❏
Je regarde un peu partout pendant que mon client parle.	❏	❏
Je termine souvent les phrases de mon client.	❏	❏
Je me montre impatient quand le client éprouve de la difficulté à exprimer ce qu'il veut.	❏	❏
Je retiens ce qui fait mon affaire de ce que le client dit et je ne tiens pas compte du reste.	❏	❏
Si je ne suis pas d'accord avec ce que vient de dire mon client, je hoche la tête sans pour autant l'interrompre.	❏	❏

Une bonne écoute doit être active. Vous ne devez pas seulement entendre les mots de votre vis-à-vis ; il vous faut lire entre les lignes. Si vous écoutez bien votre client, vous en retirerez au moins **six bénéfices.**

• *Vous deviendrez plus crédible à ses yeux.* Une écoute de qualité constitue une marque de respect. Le client que vous écoutez activement aura davantage confiance en vous et sera bien disposé à vous écouter quand viendra votre tour de parler.

• *Vous connaîtrez ses aspirations.* Vingt consommateurs se procurant un même produit peuvent avoir 20 raisons différentes de le faire. Si vous n'écoutez pas ce que votre client dit, vous ignorerez sur quel point insister lorsque vous lui présenterez votre produit et vous réduirez les chances de développer une relation de confiance.

- *Vous saisirez l'importance relative de ses aspirations.* Votre client a peut-être quatre raisons de procéder à l'achat, mais l'une d'entre elles lui semble bien plus importante que les autres. Si vous l'écoutez bien, vous serez en mesure de conclure votre vente plus rapidement et plus facilement. Mieux, votre client sera plus satisfait.

- *Vous découvrirez sa perception du monde.* Nous verrons plus loin dans ce chapitre que, lorsqu'il décrit ses besoins, le client vous révèle sa façon de voir le monde. En tablant sur ce savoir, vous serez en mesure de lui faire une meilleure impression.

- *Vous découvrirez ses contraintes.* L'anniversaire de son épouse est peut-être aujourd'hui. Il part peut-être en vacances demain matin. Il déménage peut-être sous peu et désire que son nouveau couvre-plancher soit posé d'ici là. Son budget maximal est peut-être de 1 500 $. Si vous ne prêtez pas attention à ce que votre client raconte, vous serez incapable d'utiliser efficacement ces renseignements par la suite.

- *Vous éviterez de perdre votre temps et le sien.* Il est également possible que votre commerce n'offre pas ce dont votre client a besoin. Si tel est le cas, vous avez avantage à vous en rendre compte le plus tôt possible. Vous serez alors en mesure de le diriger vers le bon endroit et vous lui aurez fait bonne impression.

Le vendeur-entrepreneur pratique l'écoute active. Il sait que son client, en véritable partenaire, lui communique les outils nécessaires pour faciliter la vente. Il sait faire bon usage de ces renseignements.

Ne présumez jamais que vous pouvez deviner les besoins d'un consommateur en vous basant simplement sur sa démarche ou ses vêtements. Ce genre de supposition mène généralement à l'échec.

Que souhaite vraiment le client?

Nous avons déjà mentionné, au chapitre 2, que le client n'achète pas un produit mais des bénéfices. Mais vous, que tentez-vous de lui vendre? Si vous ne vendez que des caractéristiques sans faire référence aux besoins, votre écoute sera inutile parce que vous n'arriverez pas à faire le lien entre les déclarations de votre vis-à-vis et la solution que vous lui proposez.

Le client achète bien plus que de simples produits. Par exemple, un consommateur qui se procure une brosse à dents souhaite bien plus qu'un manche semi-flexible muni de soies à une extrémité. Tentons de trouver 10 bonnes raisons pour lesquelles il souhaiterait procéder à cet achat.

1. Diminuer ses frais dentaires.

2. Faire bonne impression lors de son rendez-vous de ce soir.

3. Améliorer sa confiance personnelle au travail.

4. Avoir un sourire éclatant.

5. Diminuer les risques de carie.

6. Avoir meilleure haleine.

7. Nettoyer son argenterie.

8. Voir diminuer les douleurs qu'il a ressenties aux gencives ces derniers temps.

9. Remplacer sa brosse usée.

10. Avoir une brosse à dents au travail.

S'il existe autant de bonnes raisons d'acheter une simple brosse à dents, combien de raisons vos clients peuvent-ils avoir de se procurer votre produit? Pour en prendre bien conscience, nous vous suggérons maintenant un exercice pratique. Dans un premier temps, prenez une feuille et recopiez le tableau suivant.

NOM DU PRODUIT :		
CARACTÉRISTIQUES	AVANTAGES	BÉNÉFICES
_____	_____	_____
_____	_____	_____
_____	_____	_____
_____	_____	_____
_____	_____	_____
_____	_____	_____
_____	_____	_____
_____	_____	_____
_____	_____	_____

Sur la première ligne, indiquez le nom d'un produit que vous vendez régulièrement. Pour ce premier essai, choisissez un produit que vous connaissez bien et que vous avez du plaisir à vendre.

Remplissez maintenant la première colonne du tableau. Pour ce faire, indiquez les principales caractéristiques du produit ainsi que les services liés à ce produit (livraison, financement, personnel compétent, installation, garantie, heures d'ouverture, etc.). Le client achète l'ensemble de ces choses et pas seulement le produit en tant que tel. Pour vous aider, nous présentons à la page suivante un tableau partiellement rempli par un vendeur de meubles. Il a choisi comme produit un fauteuil de marque El Ran®.

NOM DU PRODUIT : fauteuil 89-0234		
CARACTÉRISTIQUES	**AVANTAGES**	**BÉNÉFICES**
1. Marque El Ran®	_____	_____
2. Mécanismes garantis à vie	_____	_____
3. Heures d'ouverture étendues	_____	_____
4. 12 mois sans intérêt	_____	_____
5. Personnel compétent	_____	_____
6. Plusieurs tissus offerts	_____	_____
7. Différentes qualités de tissus offertes	_____	_____
8. Livraison gratuite	_____	_____
9. Installation gratuite	_____	_____
10. …	_____	_____

Cette première colonne résume ce que vous avez à offrir, c'est-à-dire votre offre commerciale. Mais ce n'est pas ce que le client achète. Vous devez maintenant convertir chacune des caractéristiques en un ou plusieurs avantages. Pour y arriver, vous vous poserez la question suivante : Quelle valeur cette caractéristique ajoute-t-elle au produit ?

Quand ce sera fait, remplissez la troisième colonne en vous demandant ce que vous répondriez à un client qui vous demanderait, pour chaque avantage retenu : « C'est bien beau tout ça, mais qu'est-ce que ça me rapporte, à moi ? » Remplissez-la en vous posant les questions suivantes.

- *Y a-t-il des bénéfices sociaux que j'ai oublié de mentionner ?* Ainsi, certains produits sont achetés pour montrer aux autres que nos affaires vont bien, que l'on a du goût, que l'on est de son temps, que l'on a des idées jeunes ou que l'on est en mesure de se payer ce qu'il y a de mieux.

- *Y aurait-il des bénéfices psychologiques que j'aurais oublié de mentionner?* L'acte même d'acheter procure des bénéfices qui n'ont aucun lien avec le produit. Le plaisir de posséder ou le fait qu'un achat puisse chasser les idées noires sont autant de bénéfices psychologiques qui peuvent être inclus dans votre tableau.

Remarquez la différence entre les deuxième et troisième colonnes : alors que la deuxième traite de ce que la caractéristique ajoute à votre offre commerciale, la troisième insiste sur ce que cet avantage procure comme bénéfice à votre client.

Ainsi, l'entrepreneur de construction qui achète une perceuse de haute qualité pourra faire plus de trous en moins de temps. C'est un avantage (deuxième colonne). Ce faisant, il sera en mesure de faire le travail plus rapidement et à moindre coût. C'est le bénéfice (troisième colonne).

Nous vous présentons, à la page suivante, le tableau que le vendeur de meubles a fini de remplir. Prêtez une attention particulière à ce qui distingue la première colonne de la troisième. La première colonne représente ce que nombre de vendeurs tentent de vendre à leurs clients, tandis que la troisième indique ce que les clients souhaitent acheter. La distance qui les sépare met en lumière la raison pour laquelle beaucoup de consommateurs ont l'impression d'être incompris.

Vos clients achètent des bénéfices. Si vous prenez conscience de tous ceux que retireront les gens qui font affaire avec vous, deux choses importantes se produiront.

- En vous rendant compte de tous les bénéfices que vous avez à offrir à un client, vous commencerez à vous percevoir comme un conseiller, un consultant. Du coup, votre estime personnelle s'accroîtra et vous aurez plus de plaisir à faire votre travail.

- Conscient de l'éventail des besoins que votre client est susceptible d'éprouver, vous pourrez formuler vos questions de manière à les déceler rapidement. Si vous arrivez à cerner promptement les motivations de votre client, le processus de vente sera facilité et la satisfaction de votre vis-à-vis sera plus grande encore.

NOM DU PRODUIT : fauteuil 89-0234

CARACTÉRISTIQUES	AVANTAGES	BÉNÉFICES
1. Marque El Ran®	Marque réputée Produit haut de gamme	Sécurité quant au choix Image de goût
2. Mécanismes garantis à vie	Réparations gratuites	Bonne acquisition à long terme Pas de problèmes de réparation
3. Heures d'ouverture étendues	Grande accessibilité	Liberté quant aux heures de magasinage
4. 12 mois sans intérêt	Possibilité d'acheter	Bénéfice immédiat si le budget est serré
5. Personnel compétent	Conseils en décoration	Assurance d'un agencement heureux Sécurité
6. Plusieurs tissus offerts	Choix	Preuve de bon goût
7. Différentes qualités de tissus offertes	Choix	Plaisir de posséder un beau meuble
8. Livraison gratuite	Possibilité de choisir l'heure et la date de livraison	Pas de perte de temps Pas de risques de bris
9. …	…	…

Si vous avez appris à écouter et à penser en considérant les bénéfices, vous êtes prêt à partir à la recherche des besoins de votre client. À la fin du chapitre précédent, il avait déjà une bonne opinion de vous, mais il se demandait si vous étiez digne de confiance et si vous sauriez l'aider à combler ses besoins. La balle est maintenant dans votre camp. Vous devez partir à la découverte de ses besoins.

Découvrir ce que cherche le client

À condition d'en écouter les réponses, les questions sont un outil de prédilection quand vient le temps de partir à la découverte des besoins du client. Elles vous aident à en apprendre davantage sur ce que cherche le consommateur, sur son pouvoir décisionnel et sur sa capacité de payer. Elles vous permettent également de confirmer que vous avez bien compris ce qu'il vient de dire (ce qui augmente votre crédibilité et prouve que vous n'étiez pas dans la lune pendant qu'il parlait), d'orienter la conversation, de préparer votre stratégie de vente et de choisir les arguments que vous utiliserez pour présenter votre produit.

Les questions servent aussi à découvrir quels sont les besoins du client. Il arrive fréquemment qu'un consommateur sache qu'il a un besoin mais qu'il n'arrive pas à le formuler. Votre travail, dans ce cas, est de l'aider à prendre conscience de son besoin au fur et à mesure que vous le découvrez vous-même.

Vous utiliserez deux types de questions pour découvrir les besoins de vos clients : les questions ouvertes et les questions fermées. Les premières demandent des réponses à développement. Elles encouragent le consommateur à faire part de ses aspirations, de ses désirs et des critères qui guideront son choix. Elles vous aident aussi à confirmer ou à infirmer des hypothèses à mesure que se poursuit votre entretien.

Les questions suivantes sont toutes des questions ouvertes.

- Quelles tâches comptez-vous accomplir avec votre nouvel ordinateur ?

- De quoi aurait l'air votre mobilier de salon idéal si on pouvait vous en dessiner un sur mesure ?

- Parlez-moi de vos habitudes de conduite.

- Pouvez-vous me nommer les trois derniers romans que vous avez adorés ?

- À quelle occasion devrez-vous porter cette robe?

- Racontez-moi votre dernier voyage. Qu'avez-vous aimé et qu'est-ce qui vous a déplu à cet endroit?

Dès que vous avez posé une question ouverte, taisez-vous. Le client introverti prendra quelques instants avant de répondre, et vous ne souhaitez pas l'empêcher de réfléchir. Le client extraverti, quant à lui, aime beaucoup parler et il vous sera reconnaissant de le laisser s'exprimer jusqu'au bout. Apprenez à écouter plus que vous ne parlez.

Les questions ouvertes vous permettront d'en connaître beaucoup sur vos clients, mais il est probable qu'à un moment donné vous ayez recours à des questions fermées, qui demandent de très courtes réponses. Les circonstances suivantes s'y prêteront.

- *Vous souhaitez clarifier une information confuse.* Par exemple, un client vous annonce que plus jamais il n'achètera un produit de la même marque, mais au cours des dernières minutes, il a nommé au moins deux fabricants. Vous pourriez alors demander: «Vous n'achèterez plus de produits de quel fabricant?»

- *Vous avez besoin d'une information précise qui n'a pas encore été mentionnée par le client.* Par exemple: «De combien de chaises avez-vous besoin?», «Combien de personnes y a-t-il chez vous quand vous cuisinez sur le barbecue?» ou «Quel âge ont vos enfants?»

- *Vous avez besoin d'une information précise relative non pas au produit, mais aux services connexes.* Par exemple: «Comptez-vous profiter de notre promotion de 12 mois sans intérêt?» ou «Quand souhaiteriez-vous que le produit soit livré?»

Dès que vous avez la réponse à votre question fermée, remerciez le client et faites-lui signe de continuer. S'il semble ne plus rien avoir à dire, posez une autre question ouverte. Dans tous les cas, continuez à écouter.

Pendant que vous écoutez, retournez mentalement à votre tableau des bénéfices. Biffez ceux qui ne semblent pas importants pour le client et entourez ceux auxquels il semble tenir.

Faites participer le client

Chaque fois que vous le pouvez, encouragez votre client à participer à la définition de ses besoins. Adressez-vous à tous ses sens. Si vous vendez des meubles, trouvez une feuille quadrillée et dessinez avec le concours du client un plan de son salon. Si vous vendez de la peinture, demandez-lui de vous indiquer, à partir de vos échantillons, la couleur des meubles ou du couvre-plancher de la pièce à décorer. Si vous vendez des voyages et que votre client souhaite parler des Caraïbes, levez-vous et allez mettre de la musique des îles. L'expérience de l'achat est le début de celle de la possession. Faites goûter tout de suite à votre client ce qui l'attend s'il vous fait confiance.

Faire participer le client active trois des boutons d'influence présentés au chapitre 3. Voici comment.

• *Sa participation active le bouton de reconnaissance.* Quand vous élaborez avec l'aide de votre client le plan de son salon, par exemple, c'est *ensemble* que vous travaillez. Vous agissez comme si vous étiez son partenaire, et cela augmente automatiquement sa satisfaction à votre égard.

• *Sa participation active le bouton d'engagement.* Faire participer activement le client à la détermination de ses besoins et lui faire ressentir sur-le-champ les sensations qui accompagneront son achat (pensons seulement à l'effet de la musique des îles quand on a besoin de vacances) augmente l'envie d'acheter qu'éprouve ce dernier.

• *Sa participation active le bouton de rareté.* Le client sait que s'il ne comble pas son besoin, il devra faire une croix sur tous ces bénéfices dont il a déjà un avant-goût. Du coup, le sacrifice à consentir par le fait de ne pas acheter rend l'acquisition encore plus probable.

Chaque fois que vous aidez le consommateur à visualiser ce qui se passera s'il vous dit oui, vous augmentez les chances qu'il passe à la caisse, parce que le fait de ne pas acheter signifierait qu'il devrait renoncer aux bénéfices visualisés. Le bénéfice potentiel offert par le produit risque de devenir soudainement inaccessible, ou rare.

C'est donc près de 43 % des boutons d'influence que vous activez en une seule étape, qui consiste à faire participer le consommateur. Quel plaisir de bien comprendre les êtres humains! Amenez donc votre client à collaborer chaque fois que c'est possible.

Et si nous parlions de sexe...

L'être humain est un animal sexué qui défend âprement son territoire. Si vous vendez fréquemment à des couples, vous devez en tenir compte. Que vous soyez un homme ou une femme, voici quelques conseils qui augmenteront vos chances de conclure votre transaction tout en minimisant les effets négatifs de l'attirance sexuelle en situation de vente.

- Si vous êtes une vendeuse et que c'est surtout l'homme qui pose les questions dans le couple, positionnez-vous de façon que sa conjointe soit située entre vous et lui. De cette façon, cette dernière n'aura pas l'impression d'être exclue de la conversation quand vous répondrez à une question formulée par son conjoint.

- Si vous êtes un vendeur, adaptez le conseil précédent à votre situation.

- Si vous êtes une très belle femme ou un très bel homme, ne mettez pas trop en valeur vos attributs. Un effet de halo peut être créé et, à force de vous regarder, certains clients risquent d'oublier de vous écouter.

Vous êtes là pour vendre. Évitez de provoquer des malentendus qui pourraient nuire au développement de votre clientèle.

Comment votre client perçoit-il le monde?

Une écoute active de votre client vous permettra également de découvrir comment il perçoit le monde. Par exemple, pendant qu'il vous fait part de ses aspirations en répondant à vos questions ouvertes, il aura tendance à adopter l'un des deux rôles suivants.

- *L'amoureux du détail.* Certaines personnes voient les arbres plutôt que la forêt. C'est le cas de l'amoureux du détail. Ce dernier aime donner des descriptions précises et, s'il doit vous raconter une mésaventure, il le fait dans l'ordre, étape par étape. Il est également plus intéressé par les applications immédiates de ce qu'il achète que par ce qu'il pourra peut-être en faire plus tard.

- *Le généraliste.* Certaines personnes voient la forêt plutôt que les arbres. C'est le cas du généraliste. Quand il vous parle, c'est en termes généraux. Il manie adroitement les métaphores et semble tout autant intéressé par les résultats immédiats que par les conséquences de sa décision.

Ainsi, à une même question («À quel genre d'ordinateur pensez-vous?»), l'amoureux du détail répondra: «Je souhaite un bus Asus, un processeur Pentium Xeon roulant à 2 Go et un disque dur de 120 Go. Côté mémoire vive, il me faut au moins 512 Mo. Je n'ai pas besoin de modem, mais une carte accélératrice 3D doit absolument être incluse. De plus...» Le généraliste, quant à lui, pourra simplement répondre: «Un ordinateur sur lequel je pourrai installer les logiciels les plus courants.»

Vous devrez poser plus de questions au généraliste parce qu'il recourt souvent à des métaphores en supposant qu'elles suffiront à exprimer sa pensée. Ce n'est pas toujours le cas.

Il est important de déceler si votre client est un généraliste ou un amoureux du détail parce qu'au moment de présenter votre produit vous emprunterez son style. De cette façon, vous augmenterez sa satisfaction à votre égard en misant sur le facteur similarité. Nous traiterons de cet aspect au chapitre 7.

Confirmez votre compréhension

Une fois que vous «sentez» bien votre client et que vous avez l'impression de saisir ses motivations et les contraintes dont il doit tenir compte, vous devez vous assurer que vous l'avez bel et bien compris.

Résumez ce que vous avez déduit de son discours en utilisant l'une des phrases suivantes.

- Laissez-moi résumer ce que vous venez de dire. Si j'ai bien compris…

- Donc, en résumé, vous…

- Si je comprends bien…

Vous devez résumer ses expériences antérieures, ses attentes, la raison de sa rencontre avec vous et ce que sont, selon vous, les principaux bénéfices qu'il cherche dans l'acquisition d'un produit. Par exemple: «Si je vous comprends bien, vous êtes fatigué de passer des nuits blanches. Vous souhaitez un matelas qui vous permettra d'arriver reposé au travail et de retrouver votre plein rendement. C'est bien cela?»

Le client va alors confirmer ce que vous venez de dire et votre crédibilité augmentera automatiquement à ses yeux. Il s'attend maintenant à ce que vous lui proposiez ce qui comblera ses besoins.

Si le client sait ce qu'il veut...

Il arrive que le client se présente dans un magasin et qu'il exige un produit spécifique qu'il a vu chez un autre détaillant ou sur un site Internet. Pour le vendeur, il est alors tentant de passer directement de la salutation à la proposition du produit, mais voilà rarement une bonne idée. Si vous le faites, vous vous retrouverez vraisemblablement plongé dans une guerre de prix avec le détaillant d'où arrive ce client parce que rien ne vous distinguera de ce concurrent.

C'est encore pire si vous n'avez pas ce produit particulier en stock. Le vendeur de type machine distributrice répondra simplement qu'il ne tient pas ce produit, et le client quittera les lieux. Le vendeur-entrepreneur, en revanche, demandera au client pourquoi il cherche cet article et mettra sa réponse à profit pour lui suggérer le meilleur produit possible compte tenu de la variété offerte dans son magasin. Par exemple, à un client cherchant le livre *La vente au détail*, le vendeur de type machine distributrice répondra simplement, après avoir constaté que le titre est manquant dans sa librairie, qu'il ne l'a pas. Quant à lui, le vendeur-entrepreneur posera des questions au client et lui suggérera d'autres livres sur le même sujet.

Ce n'est pas parce qu'un client demande un produit par son numéro de modèle qu'il a nécessairement besoin de cet article. Allez plus loin et découvrez ses motivations ; vous avez peut-être en magasin un produit qui le satisfera encore plus.

Et maintenant ?

Si vous avez bien travaillé jusqu'à maintenant, votre client vous voit d'un œil favorable et attend votre proposition. Il vous reste néanmoins une chose à faire avant de lui suggérer un produit qui comblera ses besoins. Vous devez, dans les secondes qui viennent, concevoir une bonne stratégie... Ce sera là le sujet de notre prochain chapitre.

6 > **Que savez-vous?**

On a longtemps cherché le secret des meilleurs vendeurs. Pourquoi un tel parvient-il à conclure 80 % de ses ventes alors qu'un autre, peu importe ses années d'expérience, ne réussit à convaincre que 1 client sur 20 ou 1 sur 10 ? Plusieurs hypothèses peuvent être avancées à ce sujet.

- Certains vendeurs posent les bonnes questions, mais leur manque de connaissance des produits qu'ils vendent est un désavantage et leur fait perdre toute crédibilité quand vient le temps de les présenter.

- D'autres connaissent leurs produits à merveille, mais ils n'ont vraisemblablement pas écouté le consommateur pendant que ce dernier leur parlait. En conséquence, ces vendeurs en sont réduits à servir la même présentation à tous les clients.

- D'autres réussissent à convaincre le consommateur, mais ils perdent toute crédibilité quand arrive le temps d'utiliser leurs outils de travail (listes de prix, ordinateurs, etc.). Cela plonge le client dans la perplexité et augmente aussitôt sa crainte de se tromper.

- D'autres enfin réussissent à conclure leurs ventes, mais remplissent tellement mal les demandes de crédit que ces dernières sont refusées.

Une équation mathématique

Tentons de trouver une équation mathématique qui garantit le succès dans la vente. Pour ce faire, nous utiliserons les travaux de John F. Lawhon, gourou américain de la vente au détail, et ceux de Stephen Heiman, auteur de *The New Strategic Selling*.

Il est généralement reconnu que c'est l'enthousiasme du vendeur qui permet de créer une relation agréable et de faire dire oui au client. Dans ce cas, le succès dans la vente serait fonction du degré d'enthousiasme du vendeur.

$$Sv = f \text{ (enthousiasme du vendeur)}$$

Mais est-ce bien vrai ? Si tel était le cas, vous ne seriez pas en train de lire ce livre. Il vous suffirait de consulter un motivateur qui vous convaincrait de « penser positif » pour que vous connaissiez immédiatement le succès. Le problème, c'est qu'au moindre échec votre enthousiasme fléchirait et vous devriez tout reprendre.

Il faut chercher plus loin que l'enthousiasme qui nous est communiqué par une autre personne. Pour être efficace, l'enthousiasme doit naître à l'intérieur même du vendeur. Il est un effet et non une cause. Selon John F. Lawhon, sa source réside dans la confiance en soi, laquelle vient naturellement quand on se sent compétent. Si vous croyez en ce que vous vendez, vous ne marchez pas sur des œufs et vous faites preuve d'enthousiasme. La formule ci-dessus doit donc être modifiée : le succès dans la vente est fonction de la compétence du vendeur.

$$Sv = f \text{ (compétence du vendeur)}$$

Nous nous approchons de la vérité, mais ce n'est pas encore tout à fait ça. Si la compétence seule suffisait à garantir le succès dans la vente, il ne resterait plus qu'à présenter le produit en déployant toutes ses compétences et à servir cette même présentation à tous les clients — et le tour serait joué! Or, nous l'avons vu, chaque client présente une situation et des attentes particulières. Nous devons donc modifier de nouveau notre équation en disant que le succès dans la vente est fonction de la compétence du vendeur multipliée par sa compréhension du client.

$$Sv = f \text{ (compétence du vendeur x compréhension du client)}$$

Et l'enthousiasme dans tout cela? Devez-vous recourir à un motivateur? Pas du tout: si vous comprenez bien votre client et que vous maîtrisez ce que vous devez savoir dans le commerce, la confiance que vous ressentirez ne tardera pas à se manifester sous forme d'enthousiasme. C'est automatique.

Cette formule mathématique est lourde de conséquences. Nous pouvons en déduire trois corollaires.

1. Si un vendeur ne comprend pas son client, son succès dans la vente avoisinera le zéro absolu, quelles que soient ses compétences.

2. Si un vendeur est incompétent, son succès en vente avoisinera le zéro absolu, quelle que soit sa compréhension du client.

3. Le vendeur qui ne comprend pas son client ou qui est incompétent peut tout de même faire preuve d'enthousiasme, mais il risque de passer pour un clown aux yeux de sa clientèle.

Alors que nous avons jusqu'à maintenant traité des clients, ce sixième chapitre sera consacré aux compétences à acquérir dans le cadre de votre travail. Ces compétences peuvent être divisées en sept secteurs: vos produits, vos outils de travail, vos stocks, vos promotions, vos programmes de financement, vos politiques et vos concurrents.

Vos produits

Achèteriez-vous un ordinateur d'un vendeur qui ignore de quel type de processeur cette machine est pourvue ? Acquerriez-vous une chaîne stéréo d'un vendeur qui ne peut la faire fonctionner sans demander plusieurs fois l'aide d'un collègue ?

S'il n'est pas clair pour votre client que vous connaissez bien vos produits, votre crédibilité chutera et il ressentira une puissante envie d'aller ailleurs consulter des vendeurs compétents. Vous ne pouvez pas vous permettre de ne pas connaître vos produits.

Apprenez tout ce qu'il y a à savoir sur ce que vous vendez. Si vous ne connaissez pas vos produits, vous serez mal à l'aise à chaque objection émise par un client, votre enthousiasme se volatisera et vous ferez piètre figure. Si vous maîtrisez chaque aspect de vos articles, vous serez ravi de répondre aux questions techniques.

Imaginez la scène : vous avez accueilli le client avec brio et l'avez si bien écouté que vous connaissez ses besoins. Fort de la crédibilité que vous avez acquise en quelques minutes, vous lui suggérez un des 12 fours à micro-ondes qui reposent sur vos tablettes. Le client désigne alors du doigt un autre modèle et vous demande en quoi il est différent de celui que vous lui proposez. Confus, vous devez lui avouer que vous n'en savez rien... Retour à la case départ.

Que devez-vous savoir à propos de vos produits ? À peu près tout. Voici quelques questions dont vous devez connaître les réponses.

• Ce produit est-il bien fabriqué ?

• De quelle garantie est-il assorti ?

• Cette compagnie est-elle réputée ?

• Quel en est le prix ?

- L'article est-il offert en d'autres couleurs ?

- Est-ce moins cher si on l'achète en grande quantité ?

- Quels sont les délais de livraison ?

- Quelles sont les dimensions du produit ?

- Peut-on le commander dans d'autres dimensions ?

- Qu'est-ce qui le distingue des produits semblables ?

- Qui en a parlé et qu'en a-t-on dit ?

- En quoi le produit est-il fait ?

- Est-il fabriqué au Québec ?

- S'agit-il d'un produit haut, bas ou milieu de gamme ?

Où trouver tous ces renseignements et combien de temps devrez-vous consacrer à cette recherche ? Nous traiterons de votre gestion du temps et de vos objectifs d'apprentissage au chapitre 11. Contentons-nous ici de dire que ces renseignements sont déjà disponibles. Pour mieux connaître un produit, vous pouvez consulter le manuel de l'utilisateur, le libellé de la garantie, les listes de prix, les étiquettes et les catalogues des fournisseurs. Vous pouvez aussi recueillir les commentaires des clients qui se le sont procuré antérieurement. N'oubliez pas de poser des questions aux autres vendeurs de votre commerce et, quand un représentant passe au magasin, demandez-lui ce qui rend son produit supérieur aux autres. Il se fera un plaisir de vous l'expliquer.

Si vous connaissez mal vos produits, vous devenez un simple présentateur : vous en êtes réduit à montrer l'étalage au client et à attendre qu'il ait fait son choix. Ce faisant, vous jouez le rôle d'une machine distributrice.

Vos outils de travail

Ce n'est pas quand vous vous trouvez avec un client qu'il est temps d'apprendre comment a été conçue la liste de prix d'un fournisseur. À ce moment précis, votre client cherche tous les indices qui lui permettront de savoir s'il peut ou non vous faire confiance. Son raisonnement, si vous ne comprenez pas votre liste de prix, aura le parcours suivant.

Si vous ne souhaitez pas faire naître ce raisonnement chez vos clients, vous devrez apprendre à vous servir de vos outils de travail. En voici quelques-uns.

• Les listes de prix.

• Le logiciel qui vous indique si un produit est en stock.

• La calculatrice.

• La caisse enregistreuse et le terminal Interac.

• Les livrets de factures.

- Les catalogues.

- Les étiquettes.

- Le système téléphonique.

Le temps mis à maîtriser vos outils de travail est du temps investi dans votre crédibilité. À ce stade de votre lecture, cette crédibilité ne devrait pas avoir de prix à vos yeux.

Vos stocks

Dans bien des cas, vous n'aurez pas sous la main le produit correspondant exactement à celui que le client souhaite acquérir. Par exemple, il faudra faire des retouches à une robe ou commander un mobilier de salon d'une autre couleur. Dans d'autres cas, vous ne disposerez que d'un article de démonstration. Peu importe la situation, vous devrez commander tous les articles manquants.

Vos clients s'attendent à quatre types de réponses à propos de vos stocks.

- *L'article est-il en stock?* Faites attention en répondant à cette question. Il est possible qu'il y ait des articles en stock, mais qu'ils soient déjà vendus.

- *L'article est-il commandé?* S'il n'y en a pas en stock mais que vous attendez une livraison, le client s'attendra à ce que vous puissiez lui dire quand cette livraison arrivera. Si vous l'ignorez et que votre client est prêt à acheter, il ira poser la question à l'un de vos concurrents.

- *Combien de temps s'écoulera entre ma commande et la livraison?* Les délais de livraison varient d'un fournisseur à l'autre ou selon que le produit est commandé d'un fournisseur ou d'un distributeur. Vous devez apprendre à connaître les habitudes de livraison de chacun de vos fournisseurs.

- *Si l'article vient tout juste d'être remplacé par un nouveau modèle, en quoi ce dernier lui est-il supérieur ?* Cette question n'est pas surprenante. Les clients sont habituellement intéressés par la nouveauté.

Vous devriez en outre connaître l'importance relative de votre magasin pour chacun de vos fournisseurs, de même que l'importance relative de vos concurrents régionaux. Si vous n'êtes qu'un petit joueur dans votre zone géographique, il est probable qu'un fournisseur offre de meilleurs prix à vos concurrents. Alors, il vaut mieux ne pas suggérer ses produits à votre client.

Il est par contre évident que vous ne pouvez pas tout savoir. S'il arrive que vous deviez vérifier la disponibilité d'un produit, assurez-vous d'avoir accès à une personne-ressource de votre magasin ou d'avoir la permission de communiquer directement avec le représentant du fabricant.

Les consommateurs n'achètent pas d'un vendeur en qui ils n'ont pas confiance. Chaque fois que vous répondrez de façon professionnelle à leurs questions, la confiance que les clients vous portent augmentera.

Vos promotions

Dans un commerce de détail, peu de choses sont aussi affligeantes et diminuent autant la crédibilité d'un vendeur que le fait d'apprendre de la bouche de son client qu'un produit est en promotion et que c'est annoncé dans le journal local.

Vous devez être au courant des promotions qu'offre votre commerce. Cela vous servira de plusieurs manières.

- Le client dont la prise en charge est difficile et qui répète qu'il souhaite simplement visiter le magasin changera d'attitude si vous lui proposez de lui montrer les produits à prix réduit.

- Le client qui hésite à acheter dira probablement oui si vous lui annoncez que le produit sera en promotion dès le lundi suivant et que vous pouvez entre-temps lui faire une mise de côté. Assurez-vous que, ce faisant, vous n'enfreignez pas les consignes du magasin.

- Le client qui ignore qu'un produit est (ou sera prochainement) en promotion sera ravi si vous le lui annoncez et que vous l'en faites profiter même s'il n'en a pas fait mention. Il deviendra un client fidèle.

Deux derniers conseils s'imposent également ici. Le premier a trait au bouton d'influence que nous avons appelé « contraste », et le second, à la raison d'être d'une promotion.

Commençons par l'usage judicieux du contraste. Si un client demande à voir les pneus annoncés dans le journal à 79,99 $, ne les lui montrez pas avant d'en avoir rappelé le prix régulier. Ces pneus valent 99,99 $. C'est grâce à la promotion que le client peut momentanément se les procurer pour 20 $ de moins. Faites remarquer à votre client que c'est une bonne affaire ; il en sera content.

Une promotion devrait également avoir une raison d'être. Si vous n'êtes pas en mesure de dire à votre client pourquoi l'article qu'il convoite est en solde, il pourrait croire que votre prix courant est gonflé et que la vraie valeur du produit correspond à son prix réduit. Si vous souhaitez établir une relation à long terme avec vos clients, apprenez à respecter leur intelligence.

Vos programmes de financement

Votre client doit-il payer son achat en argent comptant ? Acceptez-vous les cartes de crédit ? Peut-on vous faire trois chèques postdatés ? Offrez-vous le service Accord D ?

Offrez-vous 6, 12, 24 ou 36 mois sans intérêt ? Si vous offrez 12 mois sans intérêt, cela veut-il dire que le client doit payer la totalité de son achat dans 12 mois ou qu'il peut payer en 12 versements égaux sans intérêt, le premier paiement étant dû le mois prochain ? Si la totalité de la somme est due dans 12 mois, le client sera-t-il pénalisé si, à ce moment, il ne peut verser que la moitié de la somme ? Que se passera-t-il alors ?

Le crédit fait de plus en plus partie de l'offre commerciale des commerces de détail. Malheureusement, les programmes de financement varient grandement d'un magasin à l'autre, et il est facile pour un client d'en perdre son latin.

De plus, parce que le recours à un programme de financement exige généralement des clients qu'ils dévoilent leurs sources de revenus et leur bilan personnel, ils sont nombreux à trouver cette partie de la transaction désagréable. Votre travail, en tant que vendeur-entrepreneur, consiste à réduire le stress des consommateurs en leur faisant comprendre que votre programme de financement est simple et qu'il est tout à fait normal de s'en prévaloir.

Mais que se passera-t-il si vous hésitez, si vous ne savez pas comment votre programme fonctionne ou si vous avez de la difficulté à le proposer à votre client ? Votre comportement transmettra les messages suivants.

- Vous laisserez entendre au consommateur que votre programme de financement est rarement utilisé ou qu'il n'est utilisé que par des clients sans le sou, comme lui. Inutile de dire que cela ne le mettra pas dans un très bon état d'esprit.

- Si vous parlez de votre programme en insistant sur ses restrictions et ses conditions, votre client n'aura pas l'impression qu'il a tout intérêt à faire affaire avec vous.

- Si vous n'abordez pas ce sujet avec professionnalisme, vous transmettrez à votre client l'idée que l'obtention de financement est compliquée et qu'il aurait tout avantage à consulter son établissement financier à ce sujet. Mais qui dit qu'il reviendra chez vous quand sa banque ou sa caisse lui donnera le feu vert?

De nos jours, le financement est un service complémentaire, au même titre que l'emballage, la mise de côté ou la livraison. Vous devez le traiter comme tel et le proposer à votre client avec autant d'aisance que lorsque vous lui demandez s'il préfère la livraison de son produit le mardi ou le mercredi.

Si votre commerce n'a pas de service de crédit, apprenez à remplir les formulaires de façon professionnelle. Si une demande de crédit est refusée, assurez-vous de comprendre pourquoi. Vous éviterez ainsi que ce genre de refus se reproduise dans le futur. De plus, si c'est possible, appelez vous-même le client dès que sa demande de crédit a été acceptée, et avisez-le si une limite de crédit supérieure au montant de son achat lui a été accordée. Il pourrait décider de se procurer également cette petite lampe qui se trouvait sur la table de chevet que vous lui avez vendue.

Vos politiques

À certains moments, vous serez tiraillé entre les besoins du client et ceux de l'entreprise. Afin d'éviter des réprimandes de la part de la direction ou de vos collègues, vous devrez être au fait des politiques du magasin.

Par exemple, si votre client habite Victoriaville et qu'il désire que son achat lui soit livré le jeudi, mais que votre entreprise n'effectue les livraisons dans cette ville que le mardi, que ferez-vous? Si vous promettez une date sans connaître le calendrier de livraison, vous aurez non seulement des problèmes avec la direction de votre commerce, mais également avec un client insatisfait.

Il vaut toujours mieux prévoir les coups en s'informant avant de s'engager et ne jamais promettre plus que ce que l'on est en mesure de livrer. Voici quelques exemples de politiques que vous vous devez de connaître.

- *Les politiques de livraison.* Quel est le calendrier de livraison ? Qui devez-vous voir si un client a un besoin particulier ? Êtes-vous en mesure de promettre une heure exacte de livraison ? Les livreurs rapporteront-ils le vieux matelas de votre client et les matériaux d'emballage des produits qu'il vient d'acheter ?

- *Les politiques de retour.* Que se passe-t-il lorsqu'un client regrette un achat ? Sera-t-il sans recours ou bien remboursé ? Son achat sera-t-il crédité ? Y a-t-il des formulaires à remplir ? Comment doit s'effectuer la transaction ?

- *Les politiques de négociation des prix.* Pouvez-vous négocier les prix des produits ? Si oui, de quelle latitude disposez-vous ? Devez-vous faire approuver les réductions que vous consentez ? Quel impact une réduction aura-t-elle sur votre commission ?

- *Les politiques de service après-vente.* Que devez-vous faire si un client communique avec vous parce qu'il éprouve des ennuis avec un produit que vous lui avez vendu ? Qui devez-vous appeler ? Le service de réparation ? Le fabricant ? Le distributeur ? Pouvez-vous assurer un suivi du dossier ?

Vos concurrents

Vous devez également connaître les performances de vos concurrents aux chapitres des produits, des stocks, de la publicité, des programmes de financement et des politiques. Voyons quelques exemples à ce sujet.

- Si vous connaissez les produits vendus par un concurrent, vous serez en mesure de proposer à votre client des produits dont votre commerce a l'exclusivité, ce qui vous évitera de débattre la question des prix.

- En vous tenant au courant des publicités de vos concurrents, vous pourrez vous préparer à vendre. En effet, de nombreux clients retiennent une publicité sans pour autant retenir le nom du marchand. Il est inévitable que plusieurs d'entre eux se présenteront chez vous pour profiter des soldes annoncés par votre concurrent. Dans ce cas (pour autant que vous ayez la permission de votre patron), faites comme s'ils avaient sonné à la bonne porte et concluez la vente au plus vite !

- Il est également essentiel que vous compreniez en quoi votre programme de financement est supérieur à celui de vos concurrents. Les clients ne comprennent pas toujours cet aspect, et il faut le leur expliquer. Mais comment l'expliquer si vous n'y comprenez rien vous-même ?

- Si vous savez qu'un concurrent prépare un gros événement (vente sous la tente, vente annuelle, etc.), vous pourrez vous préparer en conséquence. En effet, comme les clients sentent le besoin de s'assurer qu'ils font une bonne affaire, ces événements provoquent toujours une hausse d'achalandage dans les commerces concurrents. Il suffit d'être prêt.

Pour savoir ce qu'offrent vos concurrents, la meilleure solution consiste à les visiter régulièrement (vous pouvez également demander à une personne de confiance de le faire pour vous) et à consulter quotidiennement leurs communications commerciales (publicités, relations publiques, etc.). Vous ne devez pas vous contenter de ce que vous disent vos clients. Ceux-ci vous racontent ce qui fait leur affaire et omettent de mentionner ce qui affaiblit leur position de négociation. En ne vous fiant qu'à ce qu'ils disent, vous faites chuter dans votre esprit la valeur de l'offre commerciale de votre entreprise.

C'est donc vraiment une profession ?

Il y a deux façons de considérer la vente : celle du vendeur-machine distributrice et celle du vendeur-entrepreneur. Ce qui caractérise le vendeur-entrepreneur, c'est qu'il se perçoit comme un professionnel qui a compris que le succès dans la vente repose sur l'équation suivante :

$$Sv = f \text{ (compétence du vendeur x compréhension du client)}$$

On ne peut s'améliorer sur le plan professionnel sans comprendre comment pensent les clients ni sans parfaire ses compétences en ce qui a trait aux produits, aux stocks, aux promotions, aux programmes de financement et aux politiques de son commerce ou de celui des concurrents.

Si vous prenez le virage et décidez de gérer votre carrière en véritable professionnel, vous deviendrez un professionnel. Dans cette perspective, nous verrons au chapitre 13 comment élaborer un programme personnel de développement des compétences qui ne vous rendra pas fou.

Votre stratégie

Le vendeur qui agit comme une machine distributrice ne développe pas de stratégie. Par politesse, il pose quelques questions à ses clients, puis les conduit dans le bon rayon en espérant secrètement qu'ils trouveront eux-mêmes un produit qui leur sied, sans qu'il ait à leur en proposer.

Le vendeur-entrepreneur, quant à lui, écoute avec soin son client pendant que ce dernier lui fait part de ses besoins et, mettant à profit ses compétences, repère le produit qui saura le satisfaire. Ce produit deviendra l'objectif final de la vente. Mais le vendeur-entrepreneur ne s'arrête pas là.

Il sait que le client ne décidera pas d'acheter avant qu'il soit persuadé de faire le meilleur achat possible. Pour y arriver, le client devra effectuer mentalement des comparaisons entre ce que le vendeur lui présente et « autre chose ». Si le client est déjà passé chez un concurrent, il comparera ce que le vendeur lui offre et ce qui lui a été offert ailleurs. S'il en est à son premier magasin et qu'il ne peut effectuer de comparaison, il ne sera pas en mesure de procéder à un achat et songera à aller voir ailleurs. La stratégie que vous adopterez doit refléter cette possibilité.

Pour croire qu'il fait le meilleur achat possible, le client a besoin de pouvoir comparer. L'élaboration d'une stratégie de vente doit donc dépasser la simple suggestion du produit le plus approprié. Vous devez offrir au client une base de comparaison au cas où il n'en aurait pas.

Pour y parvenir, vous désignerez mentalement deux autres produits correspondant aux descriptions suivantes.

- Un produit moins cher que celui que vous prévoyez vendre, mais qui n'offre pas un ou deux des bénéfices qui importent pour le client. Ce serait le produit que vous présenteriez à votre client si vous ne disposiez pas, en magasin, du produit que vous comptez lui vendre.

- Un produit plus cher que celui que vous espérez vendre à votre client mais qui ne lui offre pas vraiment plus de bénéfices.

Si vous n'avez aucune base de comparaison, ces deux produits mettront en valeur celui que vous comptez vendre. Nous verrons comment au chapitre suivant.

Pour offrir une autre base de comparaison au client, vous pouvez également, si ce n'est déjà fait, lui demander ce qu'il n'aime pas dans le produit qu'il songe à remplacer. Cette question est particulièrement efficace dans le cas d'une vente de matelas. Le simple fait de vous exposer les raisons pour lesquelles il songe à changer de matelas augmentera chez le consommateur son impression de confort lorsqu'il essayera le produit que vous lui proposez.

Si le client n'effectue pas un remplacement et que ce que vous allez lui présenter ne peut être comparé à ce qu'il possède déjà, vous pouvez lui demander s'il a vu ailleurs (chez un concurrent) un produit qui semblait lui convenir. Si tel est le cas, demandez-lui ce qu'il a apprécié dans ce produit et retenez les points sur lesquels devra porter votre présentation.

Une bonne stratégie de vente consiste donc à préparer une démonstration qui fera clairement ressortir que le produit que vous vendez constitue le meilleur achat pour le client dans sa situation actuelle.

Et maintenant ?

Vous avez fait une impression du tonnerre lors de la prise de contact. Par la suite, vous avez surtout questionné le client et vous l'avez écouté. Pendant ce temps, mentalement, vous avez formulé une stratégie de vente. Le temps est maintenant venu de présenter une solution à votre client. Ce sera le sujet de notre prochain chapitre.

7 〉 *Proposer une solution*

Selon le cas, la présentation d'une solution peut prendre une minute ou une heure ; si vous avez bien planifié votre stratégie, elle devrait naturellement mener à la vente sans que vous ayez à utiliser des techniques de manipulation.

À ce stade de la rencontre, vous pouvez déterminer d'un simple coup d'œil si le client vous fait confiance. Voici un tableau qui vous aidera à le découvrir.

LE CLIENT VOUS FAIT-IL CONFIANCE ?	
OUI	**NON**
Il sourit.	Il a les bras croisés.
Il hoche la tête quand vous parlez.	Son corps est orienté vers la sortie.
Il confirme ce que vous dites par des anecdotes personnelles.	Il trépigne.
	Il secoue la tête.
Son corps est tourné vers vous.	Il ne réagit pas à vos propos.

Si le client ne vous fait pas encore confiance, ne désespérez pas. Il a probablement déjà fait confiance à un vendeur qui ne le méritait pas. Dès que vous aurez réussi à le satisfaire, il vous sera encore plus fidèle que s'il n'avait jamais eu affaire à un mauvais vendeur.

Présentez-lui le produit qui lui convient le mieux

Il est tentant, à ce stade du processus de la vente, de recourir au plus petit dénominateur commun, c'est-à-dire au produit qui comblera toutes les attentes du client, mais de façon minimale. Serait-ce là vraiment lui rendre service ?

Votre objectif est de jeter les bases d'une relation à long terme avec votre client. Pourquoi ce dernier n'aurait-il pas accès au meilleur produit, un produit qui le satisferait pendant des années ? Cela ne veut pas dire que vous devriez lui offrir ce qu'il y a de plus cher dans le magasin. Il faut plutôt lui proposer le meilleur produit compte tenu de ses besoins.

Vous avez déjà effectué une partie du travail quand vous avez préparé votre stratégie : vous avez sélectionné mentalement un bon produit, un produit de meilleure qualité et un produit plus coûteux. Si vous proposez correctement votre solution à votre client, il choisira très souvent le meilleur produit.

Il va sans dire que le contenu de ce chapitre doit être adapté à votre personnalité et au type de commerce pour lequel vous travaillez.

Vous avez affaire à un amoureux du détail

Vous avez déterminé, quand il vous a fait part de ses besoins, si votre client était un amoureux du détail ou un généraliste. Puisqu'il préfère les descriptions détaillées, c'est ce que vous allez lui offrir.

Commencez par dire à l'amoureux du détail que plusieurs produits sont susceptibles de le satisfaire et que vous allez les lui montrer. Commencez par le produit qui devrait être son second choix, c'est-à-dire un produit moins cher que votre produit cible et qui ne comble que partiellement ses besoins.

Pour chacun des bénéfices auxquels votre client accorde de la valeur, et en allant du plus important au moins important, procédez en quatre étapes.

1. Rappelez au client le bénéfice qu'il recherche et confirmez que ce produit est en mesure de le lui procurer. Par exemple : « Vous avez mentionné que vous souhaitiez faire un investissement durable et que nous devions tenir compte du fait que vos enfants sont encore jeunes et ne font pas nécessairement attention aux meubles de la maison. Cette table durera très longtemps et résistera aux pires assauts. Laissez-moi vous expliquer pourquoi. »

2. Présentez maintenant la caractéristique du produit qui garantit le bénéfice annoncé. Par exemple : « La laque de finition est constituée d'un vernis synthétique modifié avec de la nitrocellulose. »

3. Présentez l'avantage lié à la caractéristique que vous venez tout juste d'énoncer. Par exemple : « Cette substance offre à la fois la transparence de la laque et la dureté d'un vernis catalysé. »

4. Terminez la présentation de ce bénéfice en faisant participer votre client, en en appelant à ses sens. Dans notre exemple, cette participation pourrait revêtir les formes suivantes.

   • « Promenez votre main sur la table. Il n'y a aucune aspérité. C'est un travail de professionnel. »

   • « Regardez, je jette sur la table un peu de vernis à ongles. C'est un des produits les plus difficiles à nettoyer. Voici un linge légèrement humide. Vous voyez, il suffit à nettoyer le dégât. Souhaitez-vous faire le test vous-même ? »

- « Nous avons un client qui habite Saint-Théodore. Il a six enfants et depuis maintenant cinq ans, il possède un mobilier du même fabricant. La semaine dernière, il est passé acheter un téléviseur. Si je vous disais qu'il m'a mentionné que sa table est comme neuve, après 60 mois d'utilisation ? »

Alors que les trois premières étapes de la présentation des bénéfices offerts par votre produit sollicitent le client sur les plans auditif ou visuel, cette quatrième étape devrait cibler un autre de ses sens ou son imaginaire.

Une mise en garde s'impose ici. Vos techniques (l'utilisation du vernis à ongles, par exemple) devraient être testées avant d'être utilisées devant un client. Il peut en effet être très gênant de se retrouver avec une table de cuisine dont la surface est irrémédiablement gâchée par une démonstation trop audacieuse.

Enfin, ne présentez pas toutes les caractéristiques du premier produit, mais seulement celles qui correspondent aux attentes de votre client. Quand ce sera fait, cependant, mentionnez-lui que ce produit ne répond pas tout à fait à ses attentes. Expliquez-lui ce qui manque pour le satisfaire complètement et présentez-lui alors votre produit cible, soit celui que vous avez prévu lui vendre quand vous avez élaboré votre stratégie.

Entreprenez alors une courte présentation dans laquelle vous mentionnez ce que votre produit cible a de plus que le produit montré en premier. Il est possible que le client vous fasse alors comprendre qu'il est prêt à acheter. Si tel est le cas, arrêtez la démonstration et passez aux produits complémentaires. Si tel n'est pas le cas, annoncez que vous avez un dernier produit à lui montrer, puis faites la présentation de votre troisième choix.

Comme nous l'avons mentionné dans le précédent chapitre, ce troisième produit offre quelques caractéristiques de plus que les autres, mais il est plus cher. Demandez alors au client quel article l'intéresse le plus. Il est probable qu'il désignera votre produit cible. Quelle que soit sa réponse, félicitez-le et présentez, pour confirmer le bien-fondé de son choix, un autre bénéfice offert par le produit retenu.

Vous présentez un produit à un généraliste

Bien qu'il soit moins friand de renseignements techniques que l'amoureux du détail, le généraliste veut tout de même s'assurer que le produit qu'il achètera répondra à toutes ses attentes. De plus, il aime réunir les informations lui-même et sera ennuyé si vous expliquez tout dans le détail. Pour ces raisons, la présentation des bénéfices à un généraliste se fera en trois étapes plutôt qu'en quatre. Reprenons notre exemple pour illustrer ce fait.

1. Rappelez au client le bénéfice qu'il recherche et confirmez que ce produit est en mesure de le lui procurer. Par exemple : « Vous avez mentionné que vous souhaitiez faire un investissement durable et que nous devions tenir compte du fait que vos enfants sont encore jeunes et ne font pas nécessairement attention aux meubles de la maison. Cette table durera très longtemps. Laissez-moi vous expliquer pourquoi. »

2. Présentez l'avantage lié au bénéfice que vous venez tout juste d'énoncer. Par exemple : « La laque dont cette table est recouverte offre à la fois la transparence de la laque et la dureté d'un vernis catalysé. »

3. Terminez la présentation de ce bénéfice en faisant participer votre client, en en appelant à ses sens.

Présentez ensuite les deux autres produits et demandez-lui lequel retient le plus son attention.

La présentation d'un produit à un généraliste prend moins de temps que celle à un amoureux du détail parce qu'on n'en mentionne pas les caractéristiques. C'est là un grand avantage ; en effet, lorsque le généraliste soulèvera des objections, vous disposerez d'arguments non encore avancés pour appuyer vos dires.

Dans les deux cas, vous augmenterez la satisfaction du client à votre égard parce que vous lui prouverez que vous percevez le monde de la même manière que lui et que, sur ce point du moins, vous êtes semblables. De plus, en mentionnant que le premier produit présentait quelques inconvénients, vous avez augmenté votre crédibilité.

Prévenez les coups

Si une objection est fréquemment soulevée lorsque vous présentez un produit ou si vous savez qu'un problème survient souvent après la vente de ce produit, vous pouvez y remédier en «immunisant» le client contre ceux-ci. Pourquoi parler d'immunisation dans le domaine de la vente ? Parce que vous *immunisez* en quelque sorte votre client afin qu'il ne soit pas incommodé par un aspect du produit qui pose généralement problème. Voyons un exemple.

Il est fréquent, lorsqu'un vendeur montre une table en bois à un client, que ce dernier remarque que la surface est inégale, que les planches utilisées ne sont pas identiques et qu'au bout de compte le dessus de table n'est pas tout à fait uni. Cela vient de ce que le bois est un matériau naturel et que chaque planche est unique. En présentant ce fait comme un avantage au moment même où vous décrivez le produit, vous pouvez prévenir les coups, c'est-à-dire faire en sorte que le client n'en fasse pas le sujet d'une objection au moment de la vente ou qu'il n'appelle pas le service après-vente pour s'en plaindre.

➤ À un amoureux du détail: «C'est du bois véritable, pas du placage. Remarquez comme la surface varie d'une planche à l'autre. C'est parce qu'il n'y a pas deux planches identiques. La nature place les nœuds où ça lui plaît. Le bois variera également selon l'âge. Vous savez que vous avez du bois véritable quand vous pouvez apercevoir ces jeux visuels. »

➤ À un généraliste: «Regardez-moi la beauté de ce bois! Vous savez que, à cause des variations naturelles du bois, chaque table est unique… »

Le procédé peut porter sur tous les aspects de la vente. Par exemple, sur le prix: «Certains clients trouvent ce produit plus cher, et c'est vrai si l'on ne regarde que le prix. Mais si l'on tient compte du nombre d'années de satisfaction qu'il vous procurera, on voit que son coût annuel est moins élevé que celui des produits qui se vendent moins cher, mais durent moins longtemps. »

Il peut s'appliquer aussi aux longs délais de livraison: «Savez-vous que chaque article est fait à la main, en fonction de la couleur que le client a choisie? Pour cette raison, il faut compter entre cinq et six semaines avant la livraison. C'est le temps requis pour recevoir un produit de haute qualité. »

Le client qui vient de se voir servir ces arguments ne présentera pas d'objection en ce qui concerne le prix. Il a été immunisé contre cette objection. Assurez-vous cependant de donner plus ou moins de détails selon que votre client est un amoureux du détail ou un généraliste.

Les 4 directions possibles de la vente

Assurez-vous de rester attentif tout au long de votre présentation. Plusieurs signaux seront émis par votre client. Certains confirmeront que vous faites un bon travail (hochement de tête, sourire, commentaire venant renforcer ce que vous dites) tandis que d'autres vous avertiront que l'intérêt de votre client s'amoindrit (disparition du sourire, diminution de la qualité du contact visuel, soupirs, coups d'oeil à sa montre, etc.). Au cours de votre présentation du produit, la vente peut prendre **quatre directions.**

- *Le client peut vous faire signe qu'il est prêt à acheter* (les différents signes seront présentés au chapitre 9). Si tel est le cas, cessez votre présentation et offrez-lui un produit complémentaire. Si vous continuez votre présentation malgré le signal qu'il vous a envoyé, il pourrait reconsidérer sa décision et finalement choisir de ne rien acheter.

- *Le client peut soulever des objections* en vous faisant part de son scepticisme, en revenant sur un élément qu'il a mal compris ou en demandant des renseignements additionnels. Ces objections ne devraient jamais être ignorées. Nous vous présenterons quelques conseils à ce sujet au chapitre 8.

- *Le client peut se montrer indifférent ou exprimer le désir « d'y penser ».* Cela signifie que vous vous êtes éloigné de ses préoccupations véritables. Faites une pause et demandez-lui ce qu'il pense de votre proposition initiale, puis écoutez. Il vous remettra sur la bonne voie ou vous indiquera qu'il a changé d'avis. S'il a changé d'avis, considérez son commentaire comme une objection.

- *Le client peut engager une négociation du prix.* C'est fréquent lorsque la concurrence est forte dans une région et que les concurrents ont tendance à vendre moins cher que le prix affiché. Dans ce cas, passez à l'intertitre « Si le client doute de vos prix », que vous trouverez plus loin dans ce chapitre.

Si vous percevez l'une ou l'autre de ces quatre attitudes, il ne vous sert à rien de continuer votre présentation du produit. Acceptez la réaction du client et répondez-y avant de reprendre l'exposé des bénéfices. Si vous vous entêtez, votre vis-à-vis en déduira que vous n'êtes pas la personne la mieux qualifiée pour répondre à ses besoins.

Les produits complémentaires

Au moment où vous entamez la présentation d'un produit, vous devriez avoir en tête les réponses aux questions suivantes.

• *Quels autres articles sont nécessaires pour que mon client utilise le produit que je m'apprête à lui vendre?* Par exemple, un ordinateur doit être branché à un moniteur. Un barbecue ne fonctionne qu'à l'aide d'une bonbonne de propane.

• *Quels articles pourraient être nécessaires pour que mon client bénéficie encore plus du produit que je m'apprête à lui vendre?* Par exemple, l'ordinateur pourrait être vendu avec un livre qui présente tous les secrets du système d'exploitation Windows. Le client qui achète un complet neuf veut bien paraître ; pourquoi ne pas lui offrir cette cravate qui met en valeur le motif du tissu du complet?

• *De quel article mon client pourrait-il avoir besoin pour installer le produit qu'il s'apprête à acheter?* Le client qui achète des carreaux de céramique aura sûrement besoin de coulis. Celui qui se procure des lattes de plancher prévernies aura besoin d'attaches ou de colle.

• *Suis-je en mesure d'offrir un service qui augmentera la valeur du produit que mon client s'apprête à acheter?* Un traitement antitaches pourra, moyennant un léger surplus, allonger la durée de vie d'un mobilier de salon. Un service de livraison accéléré pourra permettre à un client d'utiliser encore plus rapidement le produit qu'il souhaite acquérir.

Plusieurs vendeurs, par crainte de perdre leur vente, hésitent à offrir des achats complémentaires. Mais que se passe-t-il alors ? Le client se rend compte, de retour à la maison, qu'il lui manque un élément nécessaire à l'utilisation ou à l'installation du produit qu'il vient d'acheter. Ou encore, il ne peut pas utiliser pleinement celui-ci parce qu'on ne lui a pas vendu un article complémentaire.

Chaque fois que vous omettez d'offrir à votre client un accessoire ou un service complémentaire qui optimiserait son utilisation du produit qu'il achète, vous communiquez indirectement le message que vous ne vous préoccupez guère de sa satisfaction. Cela ne signifie pas que vous devez insister, mais vous devriez tout de même demander au client s'il souhaite également acquérir l'article complémentaire auquel vous songez.

De cette façon, l'acheteur ne pourra pas vous en vouloir lorsqu'il se rendra compte, une heure avant une entrevue, qu'il n'a aucune cravate appareillée à son nouveau costume ou lorsqu'il ne pourra relier son ordinateur à sa nouvelle imprimante, faute de câble. Il ne vous en voudra pas non plus si son fils de trois ans couvre de crème glacée son nouveau fauteuil, puisque vous lui avez offert le traitement antitache.

Si le client doute de vos prix

Certains clients vous feront comprendre très tôt au cours de la rencontre qu'ils ne croient pas que les prix que vous affichez correspondent aux prix réels. Ils vous adresseront des questions telles que : « Quel est ton vrai prix sur cet article ? », « Ça, c'est le prix de départ ? » ou « Quel est le prix si je paie comptant ? »

Votre réaction à ces remarques sera différente selon que vous avez ou non une certaine marge de manœuvre en ce qui concerne les prix. Mais tant que vous n'y aurez pas réagi, il ne sert à rien de présenter votre produit parce que votre client n'écoutera pas.

Si vous ne disposez d'aucune marge et que vous savez que le prix affiché est bel et bien le dernier, faites-le savoir au client : « Cette remarque me donne à penser que vous souhaitez en obtenir le maximum pour votre argent. Soyez rassuré. Vous n'avez pas à jouer les négociateurs pour obtenir le meilleur prix ici. Tous nos clients sont assurés d'obtenir le prix le plus avantageux parce que c'est celui que nous inscrivons sur les étiquettes. »

Il peut arriver également que vous ayez une certaine marge de manœuvre. Par exemple, si votre magasin offre 12 mois sans intérêt et que cette promotion coûte 8 % du montant de la vente, vous disposez d'une marge de 8 % si le client vous informe qu'il paie comptant.

Puisque vous ne savez pas encore comment le client entend payer, il ne sert à rien de jouer sur les prix pour l'instant. Vous pouvez donc couper court à cette discussion en utilisant une remarque telle que celle-ci : « Rien ne nous sert de parler prix tant que nous ne savons pas de quoi vous avez besoin. Que diriez-vous de trouver le produit qu'il vous faut ? Il sera encore temps, quand ce sera fait, de vous offrir le meilleur prix possible. »

En entendant une telle proposition, le client répondra généralement par l'affirmative. Si celui qui vous fait face s'entête à vous demander votre meilleur prix pour chaque article en magasin, ce n'est pas nécessairement un client intéressant et vous devriez peut-être songer à le laisser à vos concurrents. Nous traiterons de négociation du prix dans le prochain chapitre.

À retenir

Voici encore quelques conseils qui vous guideront dans la présentation de votre solution. Chacun d'eux vise à faire croître votre crédibilité ou la satisfaction du client à votre égard.

• Si vous présentez un produit en solde, ayez toujours en tête une explication de la promotion. Le commerce doit peut-être liquider cet article pour faire de la place aux nouvelles commandes ? Vous avez peut-être obtenu une remise du fabricant ? Si vous ne pouvez justifier un prix réduit, le client pensera que votre prix courant n'est pas justifié.

• Chaque fois que c'est possible, utilisez des témoignages pour appuyer vos dires : ils augmenteront votre crédibilité.

• Ne faites jamais de promesses qui ne pourront être tenues.

• Si le client vous interrompt, résumez ce que vous avez dit jusqu'alors avant de reprendre votre présentation.

À la fin de cette étape, votre client aura probablement des objections à vous servir. Ce sera le sujet du prochain chapitre.

8 > *Répondre aux objections*

Beaucoup de vendeurs craignent les objections. Ils supposent, à tort, que celles-ci indiquent qu'ils ont mal présenté un produit ou mal évalué les besoins de leurs clients. Pourtant, l'objection est souvent un signe d'intérêt du consommateur. Il faut apprendre à apprécier et à anticiper les objections.

Vous remarquerez que le titre de ce chapitre est *Répondre aux objections* et non *Vaincre les objections*. La raison en est simple. Rappelez-vous que l'un des facteurs qui vous conduit à l'approbation des autres est la collaboration. Si vous répondez à l'objection d'un client en jouant le rôle d'un adversaire plutôt que celui d'un partenaire, vous provoquez une diminution de sa satisfaction à votre égard. Par contre, en traitant les objections de votre client comme autant de défis communs, vous vous transformez en collaborateur. Votre enthousiasme ne devrait donc pas fléchir subitement à la première objection.

Le client a travaillé dur pour amasser son argent (ou il travaillera dur, s'il fait un achat à crédit) et ne veut pas le confier au premier venu sans s'assurer qu'il fait un bon coup. Votre tâche est donc double lorsque se présentent des objections : vous devez vous assurer que vous avez vraiment offert au client le produit dont il a besoin et dissiper la crainte légitime qu'il ressent juste avant de passer à l'achat.

Pourquoi le client émet-il une objection ?

Si vous avez bien fait votre travail au cours des premières phases de la vente, le nombre d'objections devrait être minimal, puisque vous êtes au fait des besoins de votre client. **Cinq types d'objections** peuvent tout de même vous être adressées.

- L'objection suscitée par un *manque d'information concernant le client.* Par exemple, le mobilier de chambre que vous tentez de lui vendre depuis 15 minutes ne peut entrer dans sa petite chambre. Vous avez oublié de vous enquérir des dimensions de la pièce.

- L'objection suscitée par la *confusion.* Par exemple, un client vous explique que l'ordinateur que vous lui montrez ne l'intéresse pas parce qu'il souhaite acheter un appareil muni d'un microprocesseur Intel. Or, vous lui avez dit, il y a deux minutes à peine, que l'appareil était équipé d'une telle puce.

- L'objection suscitée par le *scepticisme.* Par exemple, en vous entendant affirmer que le taux de satisfaction de vos clients est élevé, votre client vous demande comment cette information a été obtenue et où il peut consulter vos dernières statistiques sur ce sujet.

- L'objection suscitée par le *doute.* Par exemple, le client semble vraiment intéressé par le produit que vous lui offrez, mais il craint de regretter son achat par la suite. Cette crainte l'incite à repousser l'achat en prétextant qu'il doit mesurer sa pièce, revenir avec son conjoint ou se donner la nuit pour y penser.

• L'objection suscitée par la *constatation d'une faiblesse*. Par exemple, votre produit cible intéresse votre client, mais sa garantie n'est pas aussi étendue que celle d'un produit concurrent.

Il est bon d'apprendre à évaluer l'origine d'une objection (le manque d'information concernant le client, la confusion, le scepticisme, le doute ou la constatation d'une faiblesse). Cela vous aidera à ne pas donner l'impression que vous souhaitez ignorer l'objection.

Comment le client formule-t-il ses objections?

De même que le client se révèle quand il vous fait part de ses besoins, ce qui vous permet de déterminer s'il est amoureux du détail ou généraliste, il se révèle quand il soulève des objections.

Quand vient le temps de s'opposer, certains individus jouent les avocats du diable ou s'efforcent d'adopter un comportement logique. Nous les appellerons les *cérébraux*. Les cérébraux semblent mettre en question votre compétence ou posent la même question trois fois sous des formes différentes pour s'assurer que vous répondez toujours de la même façon.

Avant de prendre une décision, les cérébraux pèsent le pour et le contre et évaluent ce qu'ils recevront en échange du montant investi. Ils souhaitent connaître ce que votre proposition leur rapportera *personnellement* et sont peu impressionnés par les bénéfices qu'ont retirés les autres clients qui vous ont fait confiance. Quand vient le temps de répondre à un cérébral, le bouton d'influence à utiliser est l'autorité.

PAR SES OBJECTIONS, VOTRE CLIENT VOUS RÉVÈLE QU'IL EST UN...	
... CÉRÉBRAL	**... ÉMOTIF**
Il vous teste.	Il cherche l'harmonie.
Il met en doute votre compétence.	Il parle de ses valeurs.
Il pèse le pour et le contre.	Il souhaite ne brimer personne.
Il est peu influencé par le comportement d'autrui.	Il souhaite connaître ce que d'autres personnes ont vécu quand elles ont fait le même achat.

D'autres clients tentent quant à eux de s'assurer que votre proposition n'est pas en contradiction avec leurs valeurs. Ce sont les *émotifs*. Les émotifs souhaitent ne pas vous froisser et leurs objections sont formulées gentiment (certains vendeurs ne se rendent même pas compte que l'on vient de leur présenter une objection). Les émotifs n'achèteront pas s'ils craignent de brimer quelqu'un et ils souhaitent savoir ce que d'autres clients ont vécu à la suite de leur achat. Quand vient le temps de répondre à un émotif, le bouton d'influence à utiliser est la preuve sociale.

Vous trouverez dans le tableau suivant quatre objections. Indiquez pour chacune d'elles si elle a été formulée par un cérébral ou par un émotif, puis indiquez quel bouton d'influence vous aidera à y répondre.

OBJECTION	CÉRÉBRAL OU ÉMOTIF?	BOUTON D'INFLUENCE REQUIS
1. Je ne veux pas vous faire travailler pour rien, mais je souhaite acheter un produit fait au Québec.		
2. Êtes-vous certain que ce modèle est moins énergivore que celui fabriqué par XYZ?		
3. J'ignore si mes enfants vont l'aimer. Je devrais revenir avec eux…		
4. Vous travaillez ici depuis combien de temps? Avez-vous déjà vendu ce produit auparavant?		

Les objections 1 (recherche de l'harmonie) et 3 (désir de satisfaire les siens) proviennent d'un émotif. Vous y répondrez en utilisant la preuve sociale. Les objections 2 (comparaison logique) et 4 (mise en question de la compétence) proviennent d'un cérébral. Vous y répondrez en recourant à l'autorité.

Votre objectif

Pour bien réagir à une objection, vous devez avoir un objectif en tête. Selon la nature de l'objection qui vous a été présentée, vous vous assignerez un objectif différent. Voyons quels seront vos objectifs les plus communs en fonction des cinq types d'objections.

• *Manque d'information concernant le client.* Si l'objection provient du fait qu'il vous manquait une information et que vous avez fait des hypothèses non fondées, vous devez tout de suite réorienter la rencontre vers un objectif partagé. Par exemple: «Oh, milles excuses! J'ai omis de vous demander les dimensions de la pièce. Si vous le voulez bien, prenons une feuille et dessinons cette fameuse chambre. Après tout, nous souhaitons que votre mobilier mette votre chambre en valeur. »

• *Confusion.* Si le client a écouté distraitement et qu'il met en doute une information que vous lui avez déjà donnée, votre objectif est de lui transmettre à nouveau les renseignements sans le mettre dans l'embarras.

• *Scepticisme.* Si le client remet en question ce que vous lui avez dit, votre premier objectif est de vérifier si son attitude ne reflète pas une quelconque inquiétude; votre deuxième objectif est de prouver vos allégations.

• *Doute.* Si le client doute soudain de son envie d'acheter, rappelez-lui ses objectifs et assurez-lui que vous cherchez également la solution qui lui conviendra le mieux.

- *Constatation d'une faiblesse.* Il n'existe pas de produit parfait. Tous les articles que vous offrirez présenteront des forces et des faiblesses. Si le client fait état d'une faiblesse, votre travail n'est pas d'ignorer ou de nier l'existence de cet inconvénient, mais plutôt d'aider votre vis-à-vis à évaluer si, dans l'ensemble, le produit comblera ses besoins.

En gardant votre objectif bien présent à l'esprit, vous pouvez ensuite répondre à l'objection. Rappelons que vous souhaitez conserver l'image d'un partenaire et que vous ne désirez pas donner au client l'impression que son objection est ridicule.

Répondre à une objection en 6 étapes

Le client vient de formuler son objection. Mentalement, vous avez déjà relevé le type d'objection dont il s'agit et déterminé si votre client est cérébral ou émotif. Voici, en six étapes, comment vous pouvez lui répondre.

1. Déterminez le besoin insatisfait

Dans un premier temps, transformez l'objection en gains potentiels pour le client. Ce dernier est avec vous pour satisfaire un ou plusieurs besoins. S'il émet une objection, c'est qu'il se rend compte qu'un ou plusieurs de ses besoins ne seront pas comblés. Il demande de l'aide en ayant recours à une objection.

Par exemple, si le client vous dit «je ne connais personne qui fait affaire avec vous», il vous signifie par là qu'il a besoin d'être rassuré sur vos compétences et la qualité des services qu'offre votre entreprise.

S'il s'écrie «c'est bien trop cher!», c'est qu'il n'est pas certain que les bénéfices qu'il retirera de la transaction le compenseront pour l'argent qu'il doit y investir.

Toutes les objections cachent un besoin insatisfait. Découvrez quel est ce besoin et vous serez en mesure de faire face à l'objection.

2. Confirmez votre hypothèse

Dans un deuxième temps, faites preuve d'empathie et demandez au client de confirmer votre hypothèse au sujet de son besoin insatisfait. Par exemple : « Ce que vous voulez vraiment dire, c'est que vous aimez faire affaire avec un magasin sérieux, qui se préoccupe de la satisfaction de ses clients. C'est bien cela ? » ou « Je vois, à ce que vous venez de dire, que vous voulez en avoir pour votre argent, n'est-ce pas ? »

Une fois cette question lancée, taisez-vous et attendez que le client réponde. Il confirmera alors que vous avez raison ou, s'il sent que vous vous êtes fourvoyé, il formulera une objection plus précise. Dans ce dernier cas, reprenez à la première étape.

3. Assurez-le que sa préoccupation est fondée

Les clients ont peur du ridicule. Celui que vous avez devant vous et auquel vous venez d'exposer un besoin qu'il n'avait pas exprimé redoute qu'on minimise ses préoccupations et qu'on lui dise qu'il s'en fait pour rien.

Pour rassurer votre client, confirmez-lui que sa préoccupation est légitime. Pour ce faire, utilisez des phrases comme :

- Je vous comprends bien. Moi-même, quand je fais un achat important, je veux être certain de faire affaire avec une maison sérieuse.

- Vous avez tout à fait raison. C'est assez dur de gagner de l'argent, autant l'investir dans des produits valables.

- C'est normal de se préoccuper de la consommation de son nouveau véhicule. Au prix où est rendu l'essence…

• J'ai l'impression que nous partageons les mêmes préoccupations. Vous avez bien raison de vous interroger sur la formation des livreurs. Il y a tant de compagnies qui livrent des appareils sans les installer ou sans même rapporter les matériaux d'emballage.

Tant que vous ne confirmez pas que son objection est légitime, votre client restera sur la défensive. Si vous lui signifiez qu'il a eu raison de soulever son objection, il sera prêt à écouter ce que vous avez à lui répondre.

4. Déterminez si votre client est du type cérébral ou émotif

Cette objection a-t-elle été émise par un cérébral ou par un émotif? Le fait de le savoir vous permettra d'être plus convaincant par la suite. Si vous avez de la difficulté à déterminer de quel type est votre client, consultez les pages 141 à 143.

5. Comblez le nouveau besoin de la manière appropriée

C'est l'étape la plus intéressante du processus. Vous devez expliquer à votre client en quoi votre solution comble son besoin nouvellement découvert, et ce en utilisant le bouton d'influence correspondant à son type (cérébral ou émotif). Vous répondrez donc à un cérébral en ayant recours à l'autorité et vous répondrez à un émotif au moyen de la preuve sociale.

Le bouton d'influence «autorité» peut vous aider à parer à une objection de type cérébral. Voici quelques réponses possibles.

• Je suis content que vous ayez abordé ce sujet; j'ai justement sous la main le dernier rapport de l'Association de protection des consommateurs...

- Laissez-moi vous montrer une critique rédigée par l'équipe de ZDNet. Elle a vraiment apprécié ce logiciel.

- J'aimerais, à ce sujet, vous montrer le dernier rapport de satisfaction de la clientèle préparé par notre service de marketing...

Dans tous ces cas, vous confirmez ce que vous avancez en citant une autorité en la matière.

Pour répondre à une objection de type émotif, vous aurez recours à la preuve sociale. Encore une fois, voici quelques exemples.

- Je partageais également vos appréhensions quand j'ai fait l'achat de ce modèle, en mai dernier. Laissez-moi vous raconter ce qui s'est passé...

- Ça me fait penser à Guy Desmarais, qui habite votre quartier. Il a fait l'acquisition du même modèle le mois dernier et il en est enchanté.

- Laissez-moi vous montrer un témoignage de satisfaction que nous avons reçu...

6. Assurez-vous que votre réponse satisfait le client

Demandez ensuite à votre client si votre réponse est satisfaisante. Si tel est le cas et que votre présentation n'est pas terminée, reprenez-la. Si elle est finie, vous pouvez tenter de conclure la vente.

Si le client n'est pas content de votre réponse, reprenez le processus. Si vous vous lancez de nouveau dans la présentation de votre solution sans avoir satisfait votre vis-à-vis, il n'entendra même pas la suite de votre présentation.

Votre répertoire

Ne nous le cachons pas : ce sont souvent les mêmes objections qui reviennent d'un client à l'autre. À ce sujet, nous avons deux propositions à vous faire.

• Trouvez un petit cahier que vous intitulerez « Répertoire des objections des clients », et notez-y toutes les objections récurrentes. Pour chacune d'elles, rédigez la meilleure réponse possible et peaufinez-la. Si une objection vous coupe les jambes et que vous n'y trouvez pas de réponse idéale, demandez à d'autres vendeurs ce qu'ils répondent quand on la leur présente. Au fil des mois, vous apprendrez ainsi à anticiper et à aimer les objections.

• Vous pouvez également prévoir les coups en immunisant le client contre l'objection dans votre présentation. Révisez le chapitre précédent à ce sujet.

Si vous ne pouvez rien pour le client...

Il est possible qu'une objection vous fasse réaliser que vous ne pouvez rien pour votre client. Si un tel cas se présente, ne laissez pas le client à lui-même en lui disant que vous n'avez pas en stock le produit qu'il souhaite acquérir. Après tout, il aura tôt ou tard besoin de vos services et vous souhaitez qu'il garde une bonne impression de vous.

Ouvrez donc l'annuaire téléphonique et faites quelques appels pour trouver le produit qu'il recherche. Prenez ensuite une de vos cartes professionnelles et inscrivez-y au verso l'adresse du commerce où le client devrait se rendre. Vous n'aurez pas fait de vente, mais vous apparaîtrez comme une personne vers qui l'on peut se tourner quand on a un problème.

Quelques conseils additionnels

Nous terminons ce chapitre avec quelques conseils relatifs à cette étape du processus de vente au détail.

• *Laissez le client formuler complètement son objection.* Il est vrai que vous vous faites servir les mêmes objections plusieurs fois par jour, mais ce n'est pas une raison pour interrompre votre client. Si vous lui coupez la parole, vous lui faites sentir qu'il n'est qu'un numéro et que son opinion ne compte pas vraiment.

• *Faites une pause.* En signe de respect, et même si une réponse vous brûle les lèvres, prenez quelques secondes avant de répondre à un client. Vous lui donnerez ainsi l'impression que ce n'est pas une réponse standard qui lui est fournie.

• *Reformulez.* Si vous ne comprenez pas ce que le client souhaite communiquer avec son objection, demandez-lui de la répéter ou reformulez vous-même ses propos. Ce n'est pas le moment de perdre votre crédibilité en répondant n'importe quoi.

• *Conservez une attitude positive.* Le client qui émet une objection n'est pas soudainement devenu un ennemi. C'est un partenaire qui vous demande des conseils. Si vous réagissez négativement à sa première objection, votre client perdra confiance en vous.

9 › *Obtenir un oui*

S'il est une chose qui angoisse les vendeurs au détail, c'est bien la conclusion de la vente, cet instant où l'on demande au client de procéder à l'achat. Des centaines de volumes ont été écrits sur ce sujet, mais si vous avez bien fait votre travail jusqu'ici, vous n'aurez presque pas besoin des trucs qu'ils suggèrent.

Dans *Selling Retail*, John F. Lawhon explique qu'il s'est promené pendant plusieurs années de magasin en magasin, demandant chaque fois aux meilleurs vendeurs ce qu'ils faisaient pour conclure leur vente. La réponse la plus fréquente l'a dérouté: «Ce que je fais après avoir présenté le produit? C'est simple. Je prépare la facture.»

Nous sommes presque d'accord avec la conclusion de Lawhon: si vous agissez en vendeur-entrepreneur, obtenir un oui de votre client devrait être une simple formalité. Mais il existe également une proportion de la clientèle qui a besoin de soutien quand approche la conclusion de la vente. Ce sont des gens que la prise de décision angoisse et qui sont bien contents qu'un vendeur en qui ils ont confiance les accompagne dans leur processus décisionnel.

Ce chapitre présente des trucs qui vous permettront d'aider ces clients à acheter tout en les respectant.

Ce que vous ne devez jamais faire

La conclusion de la vente ne doit jamais s'apparenter à une tromperie dont le client s'apercevra après coup en se demandant pourquoi il a signé. Le but de votre profession n'est pas de conclure une vente à tout prix, mais plutôt de vous faire des clients pour la vie. Voici quelques **tactiques à éviter** à tout prix.

- Vous affirmez à un client qui souhaite réfléchir que vous pouvez, sans que cela n'entraîne d'obligation de sa part, réserver les produits sélectionnés pour une période de 48 heures. Deux jours plus tard, il apprend qu'il a en fait signé un contrat d'achat.

- Vous poussez un homme à conclure une transaction en suggérant que son achat est proportionnel à l'amour qu'il porte à sa conjointe. Par exemple : «Si vous aimez votre épouse, vous allez lui offrir le modèle qu'elle préfère...» Plutôt que de vous affronter, l'homme signe le contrat que vous lui tendez.

- Le client semble fort intéressé par votre écran géant. Vous le regardez dans les yeux et vous lui dites que ce prix ne sera peut-être plus valable demain, étant donné qu'une nouvelle liste de prix (révisés à la hausse) vient d'être dressée. Or, cette information est fausse.

- Vous dites à votre cliente que le chemisier et le tailleur qu'elle semble préférer vont très bien ensemble, alors qu'il n'en est rien. Elle apprendra que c'est d'un goût douteux dès le lendemain, en étrennant ses nouveaux vêtements au bureau.

- Le client souhaite recevoir son nouveau mobilier de salon d'ici deux semaines. Or, vous savez que le fabricant prend six semaines pour livrer. Vous promettez tout de même au client une livraison à la date désirée, sans rien inscrire à ce propos sur la facture. Il n'aura pas le choix d'attendre.

- Vous accordez au client un prix inférieur au prix réel. Le lendemain, le service de la comptabilité communique avec le client pour lui dire qu'il s'est produit une erreur d'addition sur la facture et qu'il devra payer 150 $ de plus. Parce qu'il ne souhaite pas recommencer à magasiner, le client accepte l'ajustement.

Croyez-le ou non, chaque jour, des centaines de vendeurs agissent de la sorte. Un de vos collègues le fait peut-être, mais ne le laissez pas vous entraîner. Conclure une vente ne signifie pas endormir le client. Emprunter cette voie est une très mauvaise idée.

Préparez votre client

La conclusion de la vente sera facilitée si, tout au long de votre rencontre avec le client, vous l'avez aidé à s'imaginer propriétaire de votre produit. C'est ce que vous faites chaque fois que vous amenez le consommateur à participer ou que vous lui posez des questions qui le mettent en relation avec la décision d'acheter. Ces quelques phrases peuvent vous être utiles.

- « Imaginez le plaisir de vos enfants quand ils découvriront cet écran géant dans votre salon... »

- « Comptez-vous l'apporter avec vous ou profiter de notre service de livraison gratuite ? »

- « Tenez, voici les clés de la voiture. Allez faire un essai de route et, tant qu'à y être, passez par chez vous pour montrer l'auto aux membres de votre famille. »

- « La météo prévoit qu'il fera très beau demain. Ce sera la journée idéale pour étrenner vos meubles de jardin. »

- « Ne vous en faites pas pour les matériaux d'emballage. Nos livreurs vont tout rapporter en quittant votre domicile. »

Si vous préparez suffisamment votre client et que vous lui offrez le produit qui convient à ses besoins, vous percevrez chez lui des signes indiquant qu'il est prêt à acheter. Ce sera alors le temps de conclure la vente.

Votre client est-il prêt à acheter ?

Les signes qu'un client est prêt à acheter sont de deux types : verbaux et non verbaux. Il arrive qu'ils soient très faciles à déchiffrer (le client vous dit que clairement qu'il va acheter) ou plus difficiles à cerner. Voici une liste de ces signaux.

- *L'engagement verbal.* C'est le signal le plus évident. Si le client vous dit : « C'est bon, je vais le prendre et l'apporter tout de suite », passez immédiatement à la conclusion.

- *Des questions sur la livraison ou les services offerts par votre entreprise.* Par exemple : « Si je le prends tout de suite, pouvez-vous le livrer cet après-midi ? » ou « Seriez-vous en mesure de faire les retouches tout de suite ? »

- *Des questions sur la disponibilité.* Par exemple : « L'avez-vous en stock ? »

- *Une modification du langage.* Si le client cesse de parler de « ce mobilier de salon » et commence à utiliser des expressions telles que « mon fauteuil » ou « mon canapé », c'est qu'il a déjà mentalement procédé à l'achat.

- *Des questions sur les modalités de paiement.* Par exemple : « Acceptez-vous les chèques ? » ou « Savez-vous où se trouve le guichet automatique le plus près ? »

- *Des questions qui font référence à la tranquillité d'esprit.* Par exemple : « Accepterez-vous de le changer s'il ne va pas bien dans mon salon ?

- *Des questions qui font référence à la réaction des proches.* Par exemple : « Tout ça, c'est intéressant, mais qu'est-ce que je dis à mon conjoint s'il me demande… »

- *Une longue réflexion.*

- *Des changements dans l'attitude.* L'apparition d'un sourire, des hochements de tête et l'adoption d'une posture plus détendue chez le client sont significatifs.

- *Des changements dans le comportement.* Le client touche le produit ou l'essaie plus longtemps que ne le font normalement les consommateurs.

Dès que vous percevez ces signaux, et même si votre présentation n'est pas terminée, passez à la proposition d'un produit complémentaire. Le client décidé pourrait très bien changer d'idée si vous tardez à saisir son message.

La conclusion proactive

Bien que ce ne soit pas la plus utilisée, la conclusion proactive est la plus efficace si vous avez suivi toutes les étapes présentées dans les chapitres antérieurs.

Ce type de conclusion consiste simplement à faire comme si le client vous avait confirmé qu'il était prêt à acheter. Selon les circonstances, vous prendrez l'article et l'apporterez à la caisse, vous proposerez au client un produit complémentaire ou vous lui suggérerez de résoudre des problèmes de logistique. Pour ce faire, vous formulerez des questions comme celles qui suivent.

- « Vous avez mentionné que vous souhaitiez que le produit soit livré. Je vais appeler notre livreur en chef et lui demander s'il peut passer chez vous dès cet après-midi. Dans quel quartier habitez-vous ? »

- « Allez-vous profiter de notre garantie prolongée ? »

- « Bon, je crois que nous avons trouvé l'article qui saura vous satisfaire. Je n'ai besoin que d'un petit dépôt de 100 $, et je peux commander le produit dans la couleur de votre choix. Souhaitez-vous que nous appelions le fabricant tout de suite pour avoir un aperçu des délais ? »

- « Celui-ci est en démonstration. Il m'en reste un en entrepôt qui est encore dans son emballage d'origine. Souhaitez-vous que j'aille le chercher tout de suite ? »

Dans ces quatre exemples, le client a deux choix : il peut répondre par l'affirmative et confirmer ainsi son achat ou il peut vous demander de ralentir un peu parce qu'il n'est pas prêt à conclure. Dans ce deuxième cas, vous traiterez sa réponse comme une objection ordinaire et lui demanderez ce qui l'empêche de prendre une décision immédiate.

Si vous avez bien fait votre travail au cours des étapes précédentes, le client sera content de confirmer l'achat quand vous procéderez à une conclusion proactive. Mieux, les personnes pour qui la prise de décision est un événement stressant vous en seront reconnaissants.

La conclusion préférentielle

La conclusion préférentielle est celle qui est la plus utilisée dans la vente. Elle consiste à poser au client une question lui offrant un choix et confirmant en même temps son achat. Par exemple :

- « Lequel allez-vous prendre, le fleuri ou celui en cuir ? »

- « Il y aurait deux jours où ce serait possible de vous le livrer. Préférez-vous le lundi ou le mercredi ? »

- « Voulez-vous profiter de notre service d'installation ou préférez-vous installer votre nouveau disque dur vous-même ? »

Si le client ne vous dit pas qu'il n'est pas encore prêt à procéder à l'achat et qu'en plus il vous répond «celui en cuir», «mercredi» ou «je le ferai moi-même», votre vente est conclue.

Les formulaires à remplir

Vous constatez que vous avez trouvé l'article idéal pour votre client, mais vous savez que la paperasse vous empêche encore tous les deux d'atteindre votre objectif commun. Vous offrez donc à votre client de surmonter ce dernier obstacle en lui disant, par exemple:

- «Vous avez mentionné que vous souhaitiez profiter de notre programme de 12 mois sans intérêt. Souhaitez-vous que nous remplissions les formulaires tout de suite afin d'accélérer les choses?»

- «Vous avez mentionné que vous étiez admissible au programme gouvernemental favorisant l'accès à Internet. Souhaitez-vous que nous remplissions les formulaires tout de suite afin que vous ayez votre ordinateur le plus rapidement possible?»

Cette technique augmente la satisfaction du client à votre égard parce qu'elle vous permet de jouer le rôle d'un partenaire qui souhaite aider son client à trouver une réponse à ses besoins.

Le point sensible

Conclure une vente en ayant recours au point sensible met plus de pression sur le client que les techniques présentées précédemment. Pour utiliser cette technique, vous devez avoir déterminé un besoin important pour le client puis le lier à la nécessité d'agir rapidement. Vous direz par exemple:

- «Vous souhaitez avoir votre nouveau mobilier de salon pour la période des fêtes, dans cinq semaines... J'ai bien peur que, pour y arriver, nous devions passer la commande très rapidement. Souhaitez-vous que j'appelle le fabricant?»

- « Vous êtes chanceux : notre couturière est encore ici. Voulez-vous qu'elle fasse les retouches tout de suite ? De cette façon, les vêtements seront prêts en prévision de votre rendez-vous de demain. »

- « Vous souhaitez que ce soit livré cette semaine et vous habitez à Sorel ? C'est le jeudi, soit demain, que nous livrons dans cette ville. Voulez-vous que je vérifie s'il reste de la place dans le camion ? »

Prenez garde de ne pas abuser de cette technique. Le client qui se rend compte que vous avez exercé une pression sur lui en utilisant des renseignements inexacts ne reviendra pas acheter et se fera un plaisir de vous faire une mauvaise publicité. Vous ne devriez utiliser cette technique de conclusion que lorsque le temps presse vraiment.

Il y en a d'autres !

Des centaines de techniques sont utilisées pour conclure des ventes. Nous vous avons présenté celles que nous considérons les plus appropriées pour un vendeur-entrepreneur. N'hésitez pas à consulter les ouvrages présentés dans la bibliographie pour en connaître d'autres.

Quand vient le temps de conclure une vente, il importe de ne pas confondre « urgence » et « pression ». Si la situation particulière du client exige qu'il prenne sa décision immédiatement, vous devez le lui mentionner. Toutefois, c'est une mauvaise stratégie que d'inventer des situations urgentes pour le pousser à acheter malgré lui.

Retenez finalement que vous ne vendrez pas toujours du premier coup. Il est possible que votre client doive vraiment en parler à son conjoint. Il est possible qu'il préfère revenir au magasin avec une décoratrice. Il est également possible qu'avant de prendre sa décision, il préfère attendre que son comptable lui indique à combien s'élèveront ses remboursements d'impôt cette année.

Dans tous ces cas, le fait de ne pouvoir conclure votre vente ne devrait pas être perçu comme un échec. Si les politiques de votre entreprise le permettent, offrez à votre client une mise de côté temporaire. Cela vous permettra de noter ses coordonnées tout en réduisant les possibilités qu'il aille magasiner ailleurs.

La facture

Dans bien des cas, la facture se limite au coupon de caisse. Cependant, si vous devez écrire la facture à la main, assurez-vous d'y inscrire toutes les promesses que vous avez faites au client avant de lui demander un dépôt. La mémoire est une faculté peu fiable et vous ne souhaitez pas donner l'impression que vous ne respectez pas vos engagements.

« Quel est ton meilleur prix ? »

Malheureusement, entre la présentation du produit et la conclusion de la vente, bien des clients tentent d'insérer une étape supplémentaire : la négociation du prix. Cela peut être dû au comportement de vos concurrents ou à la réputation de votre commerce.

Dans un premier temps, tentez d'éclaircir la situation en supposant qu'il s'agit d'une objection standard. Si le client insiste pour vous dire que le produit est trop dispendieux et qu'un de vos concurrents le vend moins cher, jouez le jeu de la franchise et posez-lui les questions suivantes : « Pouvez-vous me dire de quel concurrent vous parlez ? » et « À quel prix vous l'offre-t-on ? »

Vous serez en mesure, en fonction des réponses de votre client, de déterminer s'il bluffe ou s'il est sérieux. Il arrive souvent que les clients inventent des histoires dans l'espoir d'obtenir un meilleur prix. Vous vous en rendrez rapidement compte si vous savez, par exemple, que le concurrent mentionné n'a pas ce produit en stock ou si son prix est beaucoup plus élevé que celui indiqué par le client. Utilisez alors l'une des deux formules suivantes.

• Si vous n'avez pas de marge de manœuvre : « C'est un bon détaillant. J'ignore pourquoi il a soudainement décidé de liquider ce produit, mais je ne vous empêcherai pas de profiter d'une aussi bonne aubaine. Assurez-vous toutefois qu'il s'agit bien du même article. »

• Si vous disposez d'une marge de manœuvre : « Écoutez, il est certain que je ne peux pas vous faire un tel prix. Mais si vous voulez bien attendre quelques instants, je peux en parler à mon directeur des ventes et tenter de vous obtenir une petite réduction symbolique. Qu'en pensez-vous ? »

Si ce que dit votre client est plausible, vous pouvez alors recourir à ces formules pour limiter les dégâts.

• Si vous n'avez pas de marge de manœuvre : « Écoutez, il y a plusieurs raisons pour lesquelles, malgré notre prix fixe, nous sommes le détaillant le plus important de la région pour ce fournisseur. Souhaitez-vous que nous en fassions la liste ensemble ? »

• Si vous disposez d'une marge de manœuvre : « Écoutez, je peux bien demander à mon gérant de vous accorder une réduction, mais il faudrait tout d'abord que je sois en mesure de lui fournir tous les renseignements requis. Quand avez-vous besoin de ce produit et comment entendez-vous le payer ? »

Finalement, si votre concurrent est un « coupeur de prix » notoire qui s'amuse à dire à ses clients d'aller magasiner ailleurs et de revenir le voir avec les prix des concurrents, jouez-lui un tour en proposant à votre client ce qui suit : « Écoutez, s'il vous a promis de vous vendre le produit 10 $ de moins que mon prix, je peux vous rendre service en inscrivant un prix très bas au verso de ma carte professionnelle. Mais sachez que je ne pourrai jamais réellement vous faire un tel prix. »

Inscrivez alors le numéro de modèle et le prix coûtant du produit sur votre carte. Si vous lui faites le coup à quelques reprises, votre concurrent finira par abandonner la tactique.

À retenir

Voici quelques trucs qui vous aideront à franchir encore plus efficacement la délicate étape de la conclusion de la vente.

- *Visualisez!* Si vous êtes fatigué mais que vous devez tout de même répondre aux clients, remémorez-vous une vente récente dont vous êtes particulièrement fier. Votre voix reprendra alors l'intonation que vous aviez à ce moment et votre corps retrouvera la posture qui vous a mérité cette belle vente.

- *Ne doutez pas de vos prix.* Quand vous doutez de vos prix, retournez au tableau des caractéristiques, avantages et bénéfices que vous avez rempli au chapitre 5. Ainsi, vous vous rendrez compte de tous les bénéfices dont se privera votre client s'il ne fait pas affaire avec vous.

- *Gardez vos opinions personnelles pour vous.* Les clients apprécient davantage les gens qui leur ressemblent et ont tendance à s'éloigner de ceux qui ne partagent pas leurs valeurs. Ce n'est donc pas le moment de pousser, pour réduire votre propre anxiété, une blague raciste, sexiste ou à teneur politique. Vous en sortirez presque toujours perdant.

- *Ne parlez pas trop.* Rappelez-vous que plus du tiers des clients ont besoin de silence avant de se décider à acheter. Si vous vous entêtez à jouer les *mouches*, vous les ferez fuir.

10 > *Avant son départ...*

Ce n'est pas parce que votre client vous a dit *oui*, qu'il a versé un bon acompte et qu'il sourit que votre vente est terminée. En fait, vous devez encore accomplir plusieurs choses avant de le laisser partir.

Car cette vente n'était pas une fin en soi. C'était plutôt la première pierre d'une relation qui se poursuivra pendant de nombreuses années. Vous devez vous assurer, avant que votre client quitte les lieux, qu'il sera satisfait de son acquisition.

Pour ce faire, vous lui confirmerez la valeur de son achat, vous vous assurerez qu'il sera en mesure de profiter pleinement de l'article que vous lui avez vendu, vous préparerez la prochaine vente et vous le transformerez en ambassadeur de votre établissement.

Les remords de l'acheteur

Vous vous rappelez que les besoins liés au produit acheté ne représentent qu'une partie de ceux que le client veut combler grâce à son achat. En effet, le client a aussi des besoins relationnels (se sentir bien en présence du vendeur qui le sert) et des besoins émotionnels (être fier de son achat).

Après avoir pris une décision jugée importante, la majorité des êtres humains se demandent s'ils ont fait le bon choix. Pour répondre à cette question, les clients qui viennent de procéder à un achat fouillent dans leur mémoire à court terme, à la recherche d'indices qui leur permettront de savoir si, oui ou non, ils sont fiers de leur décision.

C'est ainsi que, s'ils ont remarqué que leur vendeur avait de la difficulté à utiliser le terminal Interac, ils remettront en question sa compétence et son opinion sur la valeur de leur achat. Si le vendeur s'est sauvé tout de suite après le paiement sans les saluer, ils se demanderont s'il n'a pas quelque chose à cacher. Après avoir révisé tous ces indices, les clients décideront si, oui ou non, ils sont contents de leur achat.

La qualité de votre performance au cours de la prise de contact, de l'évaluation des besoins ou de la présentation ne peut donc pas pallier un comportement déficient après la vente. Vous vous devez, à cette étape, de renforcer chez le client l'idée qu'il a fait un bon achat. C'est le meilleur moyen de le voir revenir vers vous la prochaine fois qu'il aura un besoin que vous êtes susceptible de satisfaire.

Voici quelques exemples de renforcement que pourrait mettre en œuvre le vendeur-entrepreneur après la préparation de la facture.

• *Mentionner une caractéristique supplémentaire.* S'il a écourté sa présentation et omis de mentionner une caractéristique du produit parce que son client était prêt à passer à l'achat, le vendeur-entrepreneur prendra quelques instants après la vente pour la lui présenter. Il fait ainsi la preuve que le client a fait un bon achat.

• *Donner une franche poignée de main.* Une bonne poignée de main accompagnée d'un « merci pour votre confiance » confirme au client qu'il est plus qu'un simple numéro et que le vendeur cherchait plus qu'une petite vente rapide sans relation à long terme.

• *Féliciter.* Le vendeur-entrepreneur félicite son client pour son achat. Or, ce sont ces félicitations qui reviendront à la mémoire du client quand il se demandera, dans le stationnement du magasin, s'il a fait un choix judicieux.

• *Offrir du soutien technique.* L'assurance qu'il ne regrettera pas son achat ultérieurement soulage beaucoup le client, car elle lui confirme qu'il a pris une bonne décision. Par exemple, un vendeur d'appareils électroniques qui vient de vendre un magnétoscope peut dire à son client, en lui tendant sa carte professionnelle : « Ce n'est pas toujours facile de programmer cet appareil, surtout la première fois. Si vous éprouvez des difficultés, appelez-moi. Nous pourrons le faire ensemble, au téléphone. »

• *Personnaliser le service après-vente.* Les clients n'aiment pas déranger ni se faire renvoyer d'un conseiller à l'autre quand ils appellent pour poser une question relative à leur achat. Vous pouvez réduire cette appréhension en vous proposant comme personne contact. Par exemple : « Si vous avez une question, que ce soit à propos du fonctionnement, des délais de livraison ou de notre programme de financement, appelez-moi personnellement. Je m'occuperai de trouver les réponses et je vous rappellerai dans les plus brefs délais. »

- *Initier l'apprentissage du produit.* Si l'utilisation du produit que vous avez vendu est complexe, vous pourriez proposer une simulation à votre client. Ainsi, le vendeur d'automobile proposera un essai de conduite, promenade au cours de laquelle il s'assurera que l'acheteur comprend bien le tableau de bord et qu'il ne se fera pas surprendre par un orage sans savoir comment faire fonctionner les essuie-glaces.

- *Donner un coup de main.* Ne laissez pas un client quitter le commerce surchargé de boîtes en équilibre précaire : aidez-le ! Un des comportements dont se plaignent le plus les clients est l'indifférence des vendeurs. Montrez-lui que vous vous préoccupez de lui.

Le client qui doute de la pertinence de son achat ne peut pas devenir votre ambassadeur et vous envoyer ainsi de nouveaux clients. Il a bien trop peur qu'on lui dise qu'il s'est trompé ou que tel autre produit, offert par tel autre commerce, aurait été bien plus avantageux. En sachant atténuer les remords de l'acheteur, vous augmentez sa fidélité et sa capacité d'inciter d'autres consommateurs à venir vous voir. C'est un bon rendement pour quelques minutes d'attention.

Votre fiche client

Votre vente est maintenant conclue et vous venez en quelque sorte de faire l'acquisition d'un client. Cette vente, nous le répétons, est le prélude à une relation d'affaires qui durera le plus longtemps possible. Cependant, pour être en mesure d'affermir cette relation, il faudra vous doter d'une base de données contenant de l'information sur vos clients.

Ne vous en faites pas si vous ne savez pas ce que signifie l'expression « base de données » : nous verrons au chapitre 12 qu'un tel système peut être monté dans un simple cahier à anneaux, sans avoir recours à une technologie autre que celle du stylo à bille. Ce n'est pas le support du système qui est important, mais bien la qualité des renseignements que vous y intégrerez.

La fiche client sera à la base de votre système. Il s'agit d'une fiche d'environ 10 cm sur 15 cm dont nous reproduisons le recto et le verso ci-dessous. Bien sûr, si vous avez accès à un ordinateur au travail, ne vous limitez pas au papier!

COORDONNÉES		
Nom:		
Adresse:		
Téléphone:	Télécopieur:	
Courriel:		
PERMISSIONS		
Peut-on communiquer avec vous par la poste?	Oui ❏	Non ❏
Peut-on communiquer avec vous par courriel?	Oui ❏	Non ❏
RÉFÉRENCES		
Est-ce votre premier achat ici?	Oui ❏	Non ❏
Comment avez-vous entendu parler de nous?		

NOTES:
N° de client: N° de facture:

Au sortir de chaque vente conclue avec un nouveau client, vous devriez remplir une de ces fiches. C'est assez simple si le commerce de détail où vous exercez votre profession utilise des factures personnalisées pour chaque vente. C'est plus délicat si, en guise de facture, vous devez simplement remettre un coupon de caisse.

Dans ce cas, vous pouvez présenter la chose de cette façon : «J'aime bien tenir mes bons clients au courant de nos promotions et de nos nouveautés. Aimeriez-vous que je vous inclue dans mon club des bons clients ?» Votre objectif est de faire apparaître les bénéfices que retirera le client qui se joint à votre club. Ces bénéfices, comme nous le verrons au chapitre 12, dépendent largement de votre secteur d'activité. Par exemple :

- Vous vous engagez à informer un client qui vient d'acheter un logiciel si le fabricant en offre une mise à jour.

- Vous ferez parvenir à votre client les renseignements pertinents si un nouveau livre de son auteur favori est publié.

- Vous avertirez personnellement votre client si l'un des articles qu'il songe à acheter prochainement est soldé.

Tous ces comportements ont un effet particulier sur le client : ils augmentent sa fidélité en activant le bouton d'influence de la réciprocité. Nous verrons au chapitre 12 que c'est une fois fidélisés que les clients deviennent des agents de promotion.

Remplissez le recto de votre fiche avec votre client. Vous y trouverez trois sections.

- *Coordonnées.* L'information que vous placez dans cette section vous permettra de joindre le client au cours de vos activités de fidélisation et de relance.

- *Permissions.* Vous devez savoir s'il est judicieux de communiquer avec votre client par la poste ou par courrier électronique. Cette information est d'autant plus importante si vous travaillez dans un secteur d'activité (bijouterie, boutique de fleuriste) où les clients achètent souvent des cadeaux à des partenaires autres que leur conjoint officiel. Imaginez que vous êtes bijoutier et que vous expédiez une lettre de remerciement au domicile de votre client sans savoir que son achat n'était pas destiné à la personne qui ouvre le courrier. Ce n'est pas de cette manière qu'on fidélise les clients.

- *Références.* Cette section vous permet de noter ce qui a amené le client à visiter votre commerce. Elle vous donne également la possibilité, si le consommateur s'est présenté parce qu'il a suivi conseils d'un autre de vos clients, de faire parvenir à ce dernier une lettre de remerciements.

Le verso de la fiche client est constitué simplement de lignes et de deux champs à remplir. Si le système informatique de votre commerce attribue automatiquement un numéro aux nouveaux clients, vous l'indiquerez ici, en plus du numéro de facture relatif au premier achat de ceux-ci. Les lignes vous serviront à noter toute information sur le client jugée utile. Par exemple :

- *Sa profession.* Que fait-il dans la vie ? Cette information vous permettra de lui faire parvenir des offres commerciales bien ciblées.

- *Sa situation familiale.* Est-il marié ou célibataire ? A-t-il des enfants ? Est-il en instance de divorce ? À la suite de ce divorce, aura-t-il besoin de meubles, de literie, d'un téléviseur ou d'une batterie de cuisine ?

- *Les mesures.* Si vous vendez des vêtements, il peut être intéressant de noter les mensurations de votre client afin, encore une fois, de lui faire parvenir des offres commerciales personnalisées. Si vous vendez des meubles, il peut être intéressant de savoir s'il habite un ancien manoir anglais ou un demi sous-sol.

- *Ses habitudes de paiement.* Est-ce un négociateur-né ? A-t-il payé comptant, par carte de crédit ou a-t-il profité de votre programme de 12 mois sans intérêt ? S'il a, par exemple, choisi de payer en 12 versements consécutifs, vous saurez quand sa dette sera remboursée et quand il faudra le rappeler.

- *Les bénéfices qu'il cherche.* Votre client est-il plus sensible à la question du prestige ou à celle de la sécurité ? Quels sont les arguments qui peuvent le convaincre ? Quel bénéfice cherchait-il avant tout lors de son achat ?

- *Ses passe-temps et ses champs d'intérêt.* Votre client est-il un amateur de golf ou d'opéra ? Quel genre de lecture préfère-t-il ? Qui est son auteur favori ? Aime-t-il davantage les meubles classiques ou contemporains ?

- *Son prochain achat.* Vous noterez ici tous les renseignements concernant le prochain achat que le client pourrait faire dans votre commerce. Cette information est si importante que nous lui consacrons la prochaine section de ce chapitre.

Qu'est-ce que ce sera la prochaine fois ?

Vous devez apprendre à maximiser le temps passé avec un consommateur après la vente. S'il n'y a pas d'autres acheteurs qui attendent vos services et que vous vendez un bien dont l'achat est réfléchi, demandez à votre client, avant son départ, ce qu'il compte acheter la prochaine fois.

S'il vient d'acheter une voiture neuve, il vous dira peut-être qu'un de ses enfants entrera à l'université à l'automne et qu'il aura besoin d'une voiture d'occasion. S'il vient d'acheter un mobilier de salon, il vous dira peut-être qu'il prévoit bientôt changer son mobilier de chambre ou son matelas.

Si l'un de ces projets peut le conduire à faire de nouveau appel à vos services, souriez et demandez-lui quand il compte procéder à cet achat. Qu'il le sache ou non, proposez-lui de lui montrer ce que vous avez présentement en stock, en lui soulignant que cela ne créera aucune obligation de sa part.

Procédez ensuite à une présentation complète, comme s'il s'agissait d'une vente et, selon la situation, choisissez quel comportement, parmi les trois suivants, vous allez adopter.

- Il est fort possible que le client procède dès aujourd'hui à ce second achat. Dans ce cas, sortez votre livret de factures et notez bien la commande!

- Vous pouvez lui promettre, maintenant que vous connaissez ses goûts, de communiquer avec lui un peu avant la date qu'il vous a donnée pour lui faire part des promotions en cours ou des nouveautés en magasin.

- S'il a acheté à crédit, vous pouvez attendre les résultats de l'enquête de crédit et, si on lui offre une marge supérieure à sa demande initiale, lui suggérer d'ajouter le nouvel achat à sa première commande.

Vous pouvez également lui suggérer son prochain achat. S'il vient de vous acheter une barrette de mémoire pour un ordinateur désuet, vous pouvez lui montrer vos modèles plus récents, question de lui donner envie de changer d'appareil. N'oubliez pas de mettre à jour sa fiche client en y notant tous les renseignements que vous aurez accumulés au cours de cette deuxième présentation.

Les derniers instants

Qu'il ait ou non procédé à un second achat, le client devra tôt ou tard sortir de votre commerce. Vous devez vous assurer qu'il parte content de vous avoir rencontré. Remerciez-le une dernière fois, puis offrez-lui deux cartes professionnelles.

Il vous dira peut-être que vous avez fait erreur et que vous lui en avez donné deux. Dites-lui qu'il y en a une pour lui et une pour un ami à qui il pourra vous recommander. Remerciez-le de nouveau et laissez-le partir.

Après son départ

Dès le départ de votre client, votre travail consiste à vous assurer que rien n'amoindrira sa satisfaction et que votre entreprise pourra tirer profit des nouveaux apprentissages que vous venez de faire. Vous porterez alors votre attention sur plusieurs éléments.

• *La vérification des stocks.* Le produit que vous avez vendu est-il en stock ? Si oui, vous devez en réserver un en suivant la politique du commerce, sinon, il vous faut le commander. Dans ce dernier cas, assurez-vous de le faire rapidement parce que, si vous avez promis la livraison dans cinq semaines et que le fabricant en prend quatre pour fabriquer le produit, il ne faut pas tarder.

• *Le nettoyage de l'aire de vente.* Si le produit ne peut être commandé et qu'il n'en reste qu'un en stock, vous devrez vous assurer qu'il quitte l'aire de vente le plus tôt possible. À quoi bon continuer à montrer un produit que vous ne pouvez vendre ?

• *Le suivi du financement.* Assurez-vous, si nécessaire, que la demande de crédit soit transmise le plus tôt possible. Votre client attend sa réponse et il trouvera louche de devoir patienter deux jours avant que vous lui confirmiez que sa demande a été acceptée.

- *La relance du financement.* Dès que vous apprenez que la demande de financement de votre client est acceptée moyennant la signature d'un endosseur ou la production de pièces justificatives (talons de chèques, etc.), communiquez avec lui et expliquez-lui la situation. Vous devez le pousser à vous transmettre l'information manquante le plus tôt possible.

- *Le transfert d'informations.* Si le client vous a fourni des renseignements importants concernant vos concurrents, vous devez les communiquer à votre directeur des ventes ou au propriétaire du commerce. Cette information les aidera à améliorer leurs stratégies de marketing.

- *La mise à jour de votre dossier client.* Profitez également du départ de votre client pour mettre son dossier à jour. Nous traiterons plus avant de ce sujet au chapitre 12.

- *La préparation en vue du prochain client.* Si vous avez dû, pendant votre présentation, déplacer des produits ou des catalogues, le temps est venu de les replacer afin que l'aire de vente soit en ordre à l'arrivée de votre prochain client.

11 > Y a-t-il un problème ?

Même après que vous ayez posé tous les gestes présentés au chapitre précédent, votre travail n'est pas terminé. Il vous faut maintenant jouer le rôle du capitaine et vous assurer que la transaction se termine bien, quelle que soit la situation.

Tant de choses peuvent empêcher votre client d'être vraiment fier de la confiance qu'il vous a témoignée! Il arrivera tout de même que vous n'ayez plus rien à faire pour que votre client soit vraiment satisfait.

Il arrivera également que, par hasard, avec tel client, de nombreux obstacles se dressent entre l'étape de la vente et le moment où votre travail sera réellement terminé. Des problèmes peuvent survenir, quel que soit le commerce pour lequel vous travaillez. L'objectif de ce chapitre n'est pas de vous amener à trouver un coupable quand un problème se présente, mais plutôt de vous aider à résoudre celui-ci pour ne pas miner la satisfaction du client à votre égard. Vous trouverez dans les pages qui suivent une foule de conseils qui vous aideront à mener à terme la transaction que vous venez de conclure.

Ne cherchez plus !

Il peut être tentant, quand survient un ennui, de chercher à qui revient la faute ou de refiler à un tiers la responsabilité de le régler. Après tout, personne n'aime les difficultés, et il est plus agréable de conclure une autre vente que de régler un problème de livraison.

C'est la raison pour laquelle tant de vendeurs répondent ainsi au client qui les appelle pour leur faire part d'une compilation : « Attendez un peu, je vais vous trouver la personne responsable du service. » Mais que se passe-t-il quand vous vous débarrassez aussi rapidement d'une difficulté ?

- Les préposés au service créent souvent plus de problèmes qu'ils n'en règlent en utilisant des phrases telles que « c'est normal, ils font tous ça » ou « vous auriez dû prendre un autre modèle ». Imaginez l'effet de ces remarques sur votre relation avec un client !

- Les préposés au service ne sont pas au courant de ce que vous avez dit au consommateur : ils risquent de contredire ce que vous avez raconté précédemment. C'est votre crédibilité qui en souffrira.

- Le client qui vous voit vous débarrasser de lui prestement dès qu'un problème se pose ne gardera pas une bonne impression de vous. La confiance que vous lui inspiriez n'y survivra peut-être pas.

Ne cherchez plus à qui refiler le dossier. Si votre client a un problème, c'est *vous* qui avez un problème. Réglez-le et vous transformerez peut-être un client à problème en véritable ambassadeur de votre établissement.

Si les politiques du magasin exigent que vous passiez les dossiers difficiles à une autre personne, assurez-vous de prendre en charge la transition. Écoutez ce que le client vous raconte, présentez-lui le préposé qui s'occupera de régler son problème, demandez à ce dernier de vous tenir au courant du développement du dossier et communiquez avec votre client pour vous assurer qu'il est satisfait. De cette façon, vous faites la preuve que vous gardez un œil sur le problème, et le client sait qu'il peut toujours vous considérer comme un ombudsman s'il n'est pas satisfait.

La valeur d'un client

Il arrive que l'on hésite à dépenser quelques dollars pour s'assurer de la satisfaction d'un client, mais mesure-t-on pleinement, à ce moment, le risque financier que l'on court ? Tout dépend en fait de l'horizon temporel que l'on utilise. Pensez-vous à court ou à long terme ?

Imaginons que vous travaillez dans une boucherie et qu'un client vous rapporte des steaks qu'il a achetés il y a trois jours en vous disant qu'ils ne sentent pas bon. Vous y jetez un coup d'œil et vous savez que la viande n'a pas été bien conservée. Que faire ? Rembourser les 18 $ du client, lui offrir de nouveaux steaks ou lui dire que c'est sa faute si la viande n'est plus bonne ?

Selon une pensée à court terme, la valeur de notre client est de 18 $, et il n'est pas viable, économiquement parlant, de faire autre chose que de le renvoyer chez lui avec ses steaks avariés.

Mais si l'on sait que ce client achète pour 25 $ par semaine, 52 semaines par année, et qu'on peut espérer le voir toutes les semaines durant les 10 prochaines années, sa valeur passe à 13 000 $. Dans ce cas, il devient raisonnable de lui donner des steaks frais, puis de lui expliquer avec diplomatie comment il doit les conserver.

La valeur à long terme d'un client est égale à son achat moyen, multiplié par le nombre d'achats effectués chaque année, multiplié par le nombre d'années pendant lesquelles vous prévoyez le servir. À ce résultat, vous devez ajouter les ventes qu'il vous permettra de faire s'il vous envoie ses connaissances.

Prenez quelques instants et calculez la valeur à long terme de vos clients avant de continuer votre lecture. Par exemple, un consommateur nord-américain change sept fois d'automobile dans sa vie et peut convaincre une dizaine de personnes de faire affaire avec son concessionnaire. C'est toute une valeur à long terme !

Vous devriez avoir en tête la valeur à long terme de votre client quand vient le temps de répondre à une demande de service. À part quelques exceptions dont nous traiterons dans les prochaines pages, le client est de bonne volonté.

Le client silencieux

La majorité des clients sont gentils, trop gentils même. Ils ne vous dérangeront pas même s'ils éprouvent des problèmes avec ce que vous leur avez vendu. En théorie, ce sont des clients idéaux. Mais est-ce bien le cas ?

Les statistiques indiquent que 96 % des clients insatisfaits ne se plaignent jamais et que plusieurs continuent, malgré leur rancœur, à acheter au même commerce. Mais un grand nombre décident de changer de détaillant sans lui en faire part. Cela a deux conséquences importantes.

- Si vous ne demandez pas à vos clients s'ils ont été satisfaits de vos services, vous ne saurez peut-être jamais quels aspects du commerce où vous travaillez ou de votre prestation de vente devraient être améliorés.

- Si vous vous entêtez à traiter d'insatisfaits chroniques ceux qui portent plainte à l'occasion, vous risquez de continuer à perdre des clients silencieux. Ces derniers vous quittent probablement pour les mêmes raisons que les clients qui se plaignent.

Le client qui porte plainte est une véritable bénédiction parce que, à sa façon, il vous explique ce que vous devez changer pour éviter que ne se poursuive la saignée de clients silencieux. Nous traiterons plus avant de cette notion au chapitre 12 mais, pour l'instant, examinons les principaux problèmes que vous pouvez éprouver au cours d'une année.

Les problèmes de livraison

Dans le commerce de détail, il existe deux types de problèmes liés à la livraison : les délais trop longs et les livraison bâclées.

1. Les délais trop longs

Ces problèmes se présenteront surtout si vous vendez des produits faits sur commande. Par exemple, vous commandez pour votre client un mobilier de salon en lui disant que celui-ci sera livré dans cinq semaines. Huit semaines plus tard, le mobilier tarde toujours à arriver et le client se montre très mécontent.

Divers facteurs peuvent expliquer que, selon le client, une commande spéciale prend trop de temps à arriver. Peut-être lui avez-vous promis un délai plus court que le délai normal en espérant que le fabricant soit plus rapide que d'habitude. Ou encore celui-ci est en rupture de stock ou a pris du retard dans son calendrier de production. L'impatience du client peut également être exacerbée si votre entreprise annonce le produit alors qu'il n'y en a pas en magasin ou si vous attendez jusqu'à la dernière minute pour lui apprendre que sa commande sera en retard.

Comment éviter ces problèmes ? Voici quelques pistes.

- Ne faites pas de promesses que vous ne pourrez tenir. Les promesses font grimper le niveau d'attente des clients, et la chute est d'autant plus grande quand elles ne sont pas respectées.

- N'attendez pas jusqu'à la dernière minute pour communiquer avec le client. Si vous apprenez dès le lendemain de la vente que la livraison se fera une semaine en retard, n'attendez pas trois semaines avant de transmettre cette information à votre client. Plus le temps passe et plus il aura raison de vous en vouloir.

- Si un fabricant a la mauvaise habitude de livrer en retard, allongez le délai que vous annoncez à votre client ou tentez de lui vendre autre chose.

2. Les livraisons bâclées

De mauvais livreurs peuvent anéantir la satisfaction du client à votre égard. S'ils se présentent chez le client en retard, mal rasés, impolis, s'ils ne font pas attention à l'aménagement paysager ou aux murs de la maison, s'ils installent mal le produit acheté, s'ils font des avances à sa conjointe ou s'ils laissent sur place les matériaux d'emballage, soyez assuré que le client gardera un souvenir amer du moment où il vous a fait confiance.

Le pire, c'est que la livraison constitue souvent le dernier point de contact entre votre client et votre commerce. C'est donc dire que cette expérience reviendra à l'esprit du client quand il se rappelera son achat. Si la livraison s'est mal passée, il ne vous fera plus jamais confiance.

Que faire pour dénouer ces problèmes? Voici de bons moyens à employer.

- Communiquez avec le client quelques jours après la livraison et demandez-lui ses commentaires. Si tout a bien été, il sera fier de vous le dire et sera reconnaissant de votre intérêt. S'il a des reproches à vous faire, vous pourrez rebâtir les ponts le plus vite possible. À ce sujet, lisez la section du chapitre 12 intitulée «Les clients perdus».

- Si un client vous appelle pour connaître l'heure à laquelle les livreurs passeront chez lui, indiquez-lui l'heure que vous communiquera le livreur en chef. Mais assurez-vous de mentionner qu'il s'agit d'une heure approximative qui peut varier en fonction du temps qu'il fait, des embouteillages et de la configuration des endroits où les livreurs devront se présenter avant d'arriver chez lui.

- Si vous avez fait une promesse spéciale à un client (rapporter son vieux matelas, déplacer son vieux frigo jusqu'au sous-sol, l'appeler au travail pour qu'il ait le temps de se rendre chez lui, etc.), inscrivez ces engagements sur la facture et assurez-vous, si nécessaire, que l'information soit entrée sur l'ordinateur. Si vous restez silencieux, personne ne pourra deviner les promesses que vous avez faites.

- Si une adresse est difficile à trouver, demandez au client de vous aider à tracer un plan qui sera annexé au bon de livraison. De cette manière, vous éviterez que les livreurs soient de mauvaise humeur.

Que faire si ces problèmes se présentent trop souvent à votre goût ? Vous devriez repérer les livreurs à problème et discuter des répercussions de leur travail avec leur supérieur hiérarchique. Il ne faut pas qu'ils continuent à vous faire perdre des clients au fur et à mesure que vous les trouvez. Ce n'est ni dans votre intérêt, ni dans celui de l'entreprise, ni dans celui des clients.

Les problèmes de financement

Plusieurs problèmes relatifs à votre programme de financement peuvent survenir dans une année. Nous vous en présentons quelques-uns et vous donnons quelques conseils pour mieux les gérer.

1. L'institution financière refuse le financement

L'institution financière qui approuve vos demandes de crédit vient de refuser celle d'un de vos clients. Avant de l'appeler pour lui apprendre la nouvelle, tentez de comprendre la raison du refus et de trouver des solutions de rechange.

La demande serait peut-être acceptée si quelqu'un se portait garant de l'achat. Le client est peut-être admissible à un autre programme. La limite de sa carte de crédit n'est peut-être pas atteinte. Efforcez-vous de trouver une solution de rechange avant de communiquer avec lui et rappelez-vous qu'il est illégal de soumettre la demande à une autre institution financière si le client ne vous en a pas donné la permission.

2. Le client n'a pas bonne réputation

Il est également possible, en consultant l'historique du client, que vous vous rendiez compte qu'il a récemment fait un achat avec un chèque sans provision et qu'il n'a pas encore réglé la note. Dans ce cas, vous ne pouvez rien lui vendre.

Montrez votre surprise et mentionnez-lui que l'ordinateur refuse la transaction. Demandez-lui s'il a oublié d'acquitter ses précédentes factures. Le temps est venu de payer.

3. Le client refuse d'effectuer le paiement après une période de grâce

Il arrive également que les clients se prévalent d'un programme de « 12 mois sans intérêt » sans comprendre que, au bout des 12 mois, ils doivent payer la somme totale, à défaut de quoi les intérêts commencent à s'accumuler.

Il n'est pas rare que le client se présente alors dans le magasin et qu'il jure qu'on ne lui a jamais expliqué comment fonctionnait le programme. Dans ce cas, reprenez avec lui, point par point, la lecture de son contrat. Il est toutefois préférable que vous adoptiez une formule type pour présenter le programme de financement. Ne présumez jamais que votre client lira ces documents; de cette façon, vous n'oublierez jamais ce genre de détail.

Évitez de dire à un client qu'il a un mauvais dossier de crédit ou qu'il ne sait pas gérer ses finances personnelles. Cela ne vous regarde pas. Utilisez toujours des énoncés basés sur des faits plutôt que sur des jugements personnels. Par exemple :

- « L'ordinateur refuse la transaction à cause d'un chèque qui aurait été retourné par la banque... Savez-vous si la situation a été régularisée ? »

- « La demande de crédit a été refusée. Aimeriez-vous que je pousse l'affaire plus loin et que je demande des explications ? » Si le client vous dit non, c'est qu'il s'attendait à cette réponse. S'il vous répond par l'affirmative, cela peut valoir la peine de tenter de trouver d'autres moyens de financement.

Les problèmes de garantie

Plusieurs problèmes peuvent surgir une fois que le client est chez lui et qu'il utilise le produit que vous lui avez vendu. Par exemple :

- La chemise que vous avez vendue à ce client la semaine dernière présente déjà de l'usure. Les coutures étaient vraisemblablement de mauvaise qualité.

- C'est la quatrième fois cette année que le réfrigérateur vendu à ce client fait défaut.

- Quand le client a déballé son vase, celui-ci était ébréché.

- Le client n'a pu terminer l'assemblage de son barbecue parce qu'il lui manquait une pièce.

Dans tous les cas, n'oubliez pas de jouer le rôle du partenaire et de laisser le client exprimer sa frustration s'il en ressent le besoin. Tentez ensuite de trouver la meilleure solution possible. Vous aurez plus de succès en effectuant la démarche graduelle suivante.

1. S'il s'agit d'une pièce non garantie mais que la valeur à long terme du client couvre amplement la dépense, changez le morceau sans exiger de frais.

2. Appelez vous-même au point de service et expliquez au client quoi faire pour obtenir satisfaction : où doit-il retourner le produit défectueux ? quand le technicien passera-t-il chez lui ?

3. Si le même produit brise plus d'une fois, il peut s'agir d'un citron. Communiquez avec le fournisseur et demandez une autorisation de retour.

4. Si un grand nombre de problèmes sont liés à un même fournisseur et que ce dernier reste sourd aux demandes de service, cessez de vendre ses produits et suggérez à la direction que l'entreprise cesse d'en acheter.

5. Communiquez avec le client pour vous assurer que la réparation a été faite à sa satisfaction.

Le retour de marchandise

Que faire quand un client retourne un article sans que celui-ci soit endommagé ou présente de vice quelconque ? Il est difficile de répondre à cette question, et nous ne pouvons vous donner ici que quelques pistes de réflexion.

Il est vrai que certains clients exagèrent. Par exemple, il n'est pas rare qu'une cliente achète une robe le vendredi pour la retourner le lundi sous prétexte qu'elle ne fait pas ; dans les faits, elle ne souhaitait la porter que le samedi soir...

Mais il arrive aussi qu'un client se procure un produit en toute bonne foi et qu'il se rende compte que l'article ne s'harmonise pas du tout avec son décor. Devez-vous alors reprendre le produit ?

Devez-vous traiter tous les clients comme s'ils étaient des fraudeurs ? Il est certain que, si vous le faites, un bon nombre d'entre eux cesseront d'acheter chez vous. Devez-vous donc supposer que tous sont de bonne foi ? Certains commerces le font et deviennent rapidement la proie de consommateurs peu scupuleux. Que devez-vous faire pour maximiser la satisfaction des clients tout en décourageant les pratiques abusives de certains ? Voici une démarche en quatre étapes.

- Ne faites pas attendre le client qui se présente au magasin avec un article sous le bras. Il peut être tentant de vous dire que « quelqu'un d'autre va sûrement s'en occuper » ou qu'il va finir par repartir, mais chaque minute qui passe augmente son agressivité. N'attendez donc pas trop longtemps.

- Demandez-lui ce qui se passe et laissez-le raconter toute son histoire. C'est important parce qu'il l'a probablement préparée en route vers votre commerce.

- Demandez-lui ce qui le satisferait et tentez de trouver une solution avec lui. Ce sera généralement un remboursement ou un échange.

- Si le retour de cette marchandise est suspect à vos yeux, inscrivez l'événement sur la fiche du client. Passé un certain nombre d'échanges douteux dans une même année, annoncez au client que vous ne pouvez plus l'accommoder et que vous regrettez de ne pouvoir le satisfaire. Expliquez-lui que vous avez déjà, sans faire d'histoires, repris plusieurs articles cette année et que c'est le maximum que vous pouviez faire.

James E. Dion, un consultant dans le secteur du commerce de détail, suggère dans de pareils cas d'offrir au client un chèque-cadeau échangeable chez un de vos concurrents.

Troisième partie

Votre plan d'action

12 > *Augmentez votre clientèle*

Une seule lecture de ce livre ne peut suffire à vous transformer en vendeur-entrepreneur prospère. Cette troisième partie a pour objectif de vous aider à vous approprier tout ce que vous avez lu jusqu'à maintenant et à développer les habitudes qui vous rendront plus efficace. Ce chapitre traite de la gestion de la clientèle, une notion qui sera tout à fait nouvelle pour bon nombre de vendeurs au détail.

Gérer une clientèle, c'est bien plus qu'attendre les clients dans un commerce et les saluer par leurs noms quand ils se présentent. Une clientèle se gère activement, tous les jours.

Vous allez maintenant apprendre comment gérer ces fiches clients que vous avez commencé à remplir après chaque vente. Vous allez réaliser que chacune d'elles constitue un nouveau pas vers le succès. Mais trêve de bavardage, il est temps de vous présenter la « machine à clients ».

La machine à clients

Vous êtes un fabricant de clients. Tous les vendeurs en sont. Ce qui distingue le vendeur de type machine distributrice du vendeur-entrepreneur à succès, c'est la quantité de ressources qu'il investit pour obtenir chaque client. Alors que le premier perd souvent son temps, le second sait utiliser les moments tranquilles pour activer sa machine à clients et en gagner de nouveaux.

Un schéma de cette machine est présenté à la page suivante. Tentons maintenant de voir comment elle fonctionne.

Au départ, deux types de personnes se présentent dans un commerce : les visiteurs et les réseautés. Les visiteurs ont été attirés par la publicité du magasin et vous n'avez pas vraiment de contrôle sur leur nombre. Quant aux autres, leur présence résulte de vos activités de réseautage. Ce sont des personnes que vous rencontrez, à qui vous dites ce que vous faites dans la vie et à qui vous offrez une carte professionnelle. Vous avez un certain contrôle sur leur nombre.

Tous les visiteurs et tous les réseautés ne deviendront pas des clients. Certains vont quitter le commerce en se disant qu'ils doivent réfléchir à leur achat et qu'ils seront bientôt de retour. Pour cette raison, nous les appelons des *bebacks* (des qui-vont-revenir). Vous êtes en mesure, en suivant la démarche proposée dans ce livre, de réduire le pourcentage de *bebacks*.

Ceux qui achètent deviennent alors des clients, mais ils ne se sentent pas encore liés au commerce. Il peut leur arriver de faire un nouvel achat au magasin, mais si un concurrent leur offre un avantage supplémentaire, ils n'éprouveront aucun remords à s'approvisionner ailleurs.

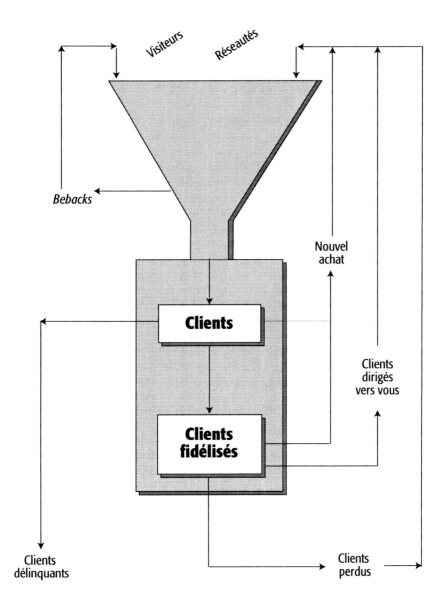

C'est une fois fidélisés que les clients commencent à ressentir un lien qui les unit à l'entreprise. À ce moment, ils reviendront naturellement au commerce chaque fois que ce dernier sera en mesure de combler un de leurs besoins et ils joueront même les ambassadeurs en recommandant le magasin à leurs connaissances. Ces clients que l'on a dirigés vers vous viendront s'ajouter aux visiteurs et aux réseautés.

Malheureusement, il arrive que des clients soient expulsés de votre machine à clients, et ce pour deux raisons principales. Ce peut être parce qu'ils ont été déclarés délinquants à cause de leurs mauvaises habitudes de paiement, de leur insatisfaction chronique ou de leur attitude envers le personnel. Dans ces cas, c'est vous qui les expulsez en espérant ne plus jamais leur vendre quoi que ce soit à nouveau.

D'autres cessent tout simplement de faire affaire avec vous ; ce sont des clients perdus. Vous devez alors tenter de les ramener dans la machine. Voyons maintenant, pour chaque type de consommateur, quelle stratégie la machine à clients peut vous permettre de déployer.

Augmenter le nombre de visiteurs

Comme nous l'avons mentionné plus tôt, vous n'avez pas vraiment de contrôle sur le nombre de visiteurs qui passent au commerce puisque leur présence dépend surtout des messages publicitaires. Nous pouvons tout au plus vous proposer **deux stratégies.**

- Jouez pleinement votre rôle d'agent de recherche. Si, au fil de vos interactions avec les clients, vous vous rendez compte que leurs attentes changent ou qu'ils sont plus sensibles à un certain bouton d'influence qu'aux autres, transmettez l'information à la personne responsable de la publicité. Cette dernière en sera bien heureuse.

- Préoccupez-vous de l'aspect de la vitrine. Assurez-vous, entre la visite de deux clients, que celle-ci est propre, et non pas négligée. Une belle vitrine attire les visiteurs.

Augmenter le nombre de réseautés

Les réseautés offrent un avantage de taille : non seulement arrivent-ils dans le commerce avec l'intention d'acheter, mais ils arrivent en vous demandant nommément. C'est avec vous qu'ils souhaitent faire affaire et ils ont déjà une bonne opinion de vous. Pour ces raisons, il est plus facile de conclure une vente avec un réseauté qu'avec un visiteur.

L'affluence des réseautés peut rapidement augmenter votre part des ventes totales du commerce et ainsi que votre valeur aux yeux de la direction.

Multipliez donc les activités où vous pouvez rencontrer de nouvelles personnes et parlez-leur de votre profession. Selon votre situation et vos espérances de gains, vous pourriez même acheter à vos frais de l'espace dans le journal local et y présenter une chronique spécialisée sur les produits que vous vendez. Devenez le spécialiste à qui pensent les consommateurs quand ils ont besoin de votre produit ou d'un de vos services.

Les *bebacks* (qui-vont-revenir)

Comme le montre le schéma de la page 191, les visiteurs et les réseautés n'achètent pas tous. Certains ne trouvent pas ce qu'ils cherchent tandis que d'autres, pour une raison ou une autre, sont agacés par un détail et repartent les mains vides. Vos deux objectifs sont donc de réduire le pourcentage de *bebacks* et d'augmenter le nombre d'entre eux qui reviendront vraiment. Plusieurs possibilités s'offrent à vous.

• *Développez vos habiletés.* La première chose à faire consiste à améliorer vos habiletés de vendeur en mettant en pratique tout ce qui vous a été présenté dans la deuxième partie de ce livre. Chaque fois que votre accueil d'un client laisse à désirer, que vous oubliez de découvrir ses besoins et que vous insistez sur des bénéfices dont il ne veut pas, vous augmentez votre taux de *bebacks*.

- *Proposer un rappel.* Si le client ne trouve pas tout à fait ce qu'il souhaite et que vous avez développé une bonne relation avec lui, proposez-lui de le rappeler dès que vous aurez reçu un vêtement à sa taille, ou un article avec la couleur ou le fini qu'il cherche. S'il dit oui, remplissez une fiche client et notez-y votre engagement.

- *Faire le suivi.* Si vous vous engagez à rappeler un client dès qu'un produit sera en stock, faites-le. Ne pas le faire revient à lui dire que sa clientèle n'est pas désirée.

- *Réduire l'attente.* Les clients n'aiment pas attendre, mais, quelquefois, c'est inévitable. Si vous en voyez un qui trépigne d'impatience, expliquez-lui la situation et dites-lui dans combien de minutes un vendeur sera libre. Ce simple geste rendra l'attente plus acceptable. Si ces situations se présentent couramment, mentionnez à votre patron qu'il y aurait lieu d'embaucher un vendeur supplémentaire qui se joindrait à vous pendant les périodes d'affluence.

- *Améliorer l'aire de vente.* Les clients scrutent chaque indice leur permettant de déterminer s'ils devraient faire affaire avec vous. Si des papiers jonchent le sol, que les tablettes sont sales ou que les produits sont mal disposés, ils peuvent très bien décider d'aller acheter ailleurs. Assurez-vous que l'aire de vente est impeccable.

- *Réviser les communications de l'entreprise.* Ce n'est pas vraiment de votre ressort, mais il faut quand même en parler. Si, même après avoir suivi tous ces conseils, le taux de *bebacks* ne diminue pas, scrutez les publicités du commerce. Se pourrait-il qu'elles n'offrent pas un reflet fidèle du magasin et que vous attiriez des visiteurs qui ne sont même pas des clients potentiels? Vos promotions attirent-elles des personnes qui n'achèteront pas? Si les communications de votre employeur sont mal ciblées, votre charge de travail augmente et la qualité de vos résultats diminue. Prenez garde!

Les clients

Devant les clients, votre objectif sera triple. Vous tenterez de repérer les délinquants, de provoquer un nouvel achat et de faire passer les consommateurs au statut de «clients fidélisés». Voyons comment vous pouvez y arriver.

1. Repérer les délinquants

Tous les vendeurs ont leur lot de clients qui paient mal, sont constamment insatisfaits, négocient comme des prédateurs et exigent chaque fois des faveurs exagérées. Si vous en rencontrez en début de journée, ces clients peuvent vous épuiser et faire en sorte que votre performance auprès de ceux qui se présenteront après eux soit moins bonne.

L'expression «repérer les délinquants» ne veut pas dire que vous vous préparez à interdire l'accès au commerce à ces clients. Cela veut simplement dire que vous allez mettre la mention *délinquant* sur leur fiche personnelle et que vous ne les solliciterez pas directement. Pourquoi les encourager à revenir quand il y a tant de bons clients aux alentours?

2. Provoquer un nouvel achat

Pour provoquer un nouvel achat, vous aurez recours à votre base de données (constituée à partir de vos fiches clients) et vous scruterez les occasions de relance que vous y avez notées. Par exemple:

- Un client à qui vous avez vendu un mobilier de chambre il y a trois mois vous avait mentionné qu'il songeait à changer son mobilier de cuisine au printemps. Or, c'est aujourd'hui le printemps ! Vous postez donc au client une invitation accompagnée de la photo d'un nouveau modèle de mobilier de cuisine.

- Le nouveau roman de l'auteur favori de votre cliente sera lancé la semaine prochaine. Vous l'appelez et lui offrez de lui réserver une copie.

- Vous téléphonez à un client et vous lui annoncez que la nouvelle version du logiciel que vous lui avez vendu sera sur le marché dès le lendemain. Vous lui offrez de l'installer sur un appareil de démonstration pour qu'il puisse venir en tester les nouvelles fonctions.

- Un client à qui vous avez vendu à crédit un écran géant fera son dernier versement à la fin du mois. Vous communiquez avec lui et l'invitez à venir jeter un coup d'œil aux nouveaux magnétoscopes numériques.

3. Fidéliser un client

Pour fidéliser un client, vous devez activer à la fois le bouton d'influence de la réciprocité et celui du contraste. Si vous offrez à une personne quelque chose qui a de la valeur à ses yeux, vous créez chez elle une obligation de réciprocité que nous appelons la fidélisation.

Mais attention ! Pour que le mécanisme de fidélisation fonctionne, il faut que le client ait conscience que vous lui avez donné plus que ce à quoi il était en droit de s'attendre. Le fait de vous acquitter simplement de vos obligations à son égard ne fidélise pas votre client. Les actes de fidélisation qu'un vendeur peut poser sont de trois ordres.

- Le respect. Le simple fait d'écouter attentivement un client quand il vous raconte son histoire contribue à le fidéliser. En effet, ce dernier a rencontré bien des vendeurs dans sa vie, et ceux qui ont fait preuve de respect à son égard sont rarissimes. Dans le même ordre d'idées, l'appel de vérification effectué peu de temps après l'achat qu'a fait un client ou la carte postale expédiée pour le remercier sont autant d'actes de fidélisation.

- Les attentions particulières. Nous incluons dans cette catégorie l'envoi de cartes de souhaits (anniversaire, Noël ou Nouvel An), le don de billets de spectacle ou votre présence au salon funéraire lors du décès d'un proche du client.

- Les cadeaux en lien avec des achats antérieurs. Comment faire plaisir à un client ou faire en sorte qu'il apprécie encore plus ce que vous lui avez vendu antérieurement ? Le vendeur de matériaux de construction fournira à son client entrepreneur une information confidentielle sur un projet de construction. La libraire invitera une cliente à une séance de signatures où se trouvera son auteur favori. Le vendeur de meubles expédiera à son client le guide d'entretien de son mobilier de salon en cuir. Tous ces exemples illustrent comment on peut fidéliser un client en lui faisant un cadeau en lien avec ses achats antérieurs.

Ne confondez pas fidélisation et publicité. Ne joignez jamais à une carte de souhaits une brochure publicitaire. Ce qu'il importe de communiquer au client quand vous posez un geste de fidélisation à son égard, c'est que vous tenez à ce point à votre relation avec lui que vous êtes disposé à vous dépasser pour lui, à faire plus que ne le commandent vos obligations contractuelles.

Les clients fidélisés

Vos objectifs seront triples en ce qui concerne les clients fidélisés : vous entretiendrez leur fidélité, vous tenterez de provoquer de nouveaux achats et vous encouragerez ces clients à vous envoyer leurs connaissances. Puisque nous avons déjà parlé, à la section précédente, des façons d'entretenir la fidélité et de provoquer de nouveaux achats, contentons-nous ici de découvrir comment un vendeur-entrepreneur peut transformer ses clients en ambassadeurs.

Un client fidélisé vous nommera automatiquement si une connaissance lui demande conseil. Votre objectif est d'attiser le plaisir qu'il y trouvera. Voici quelques conseils à ce sujet.

- Quand un client vous félicite pour le service extraordinaire que vous lui avez donné, n'hésitez pas à l'encourager à en faire part à autrui. La majorité de vos clients seront contents de le faire.

- Vous pourriez expédier à votre client une lettre le remerciant de sa confiance où serait inscrit ceci : «Vous trouverez ci-joint deux de mes cartes professionnelles, au cas où certains de vos amis ou voisins auraient l'intention de faire un achat semblable.»

- N'oubliez pas de remercier votre client s'il vous envoie quelqu'un. Pourquoi ne pas poster une lettre de remerciements à tous les clients qui vous recommandent à l'une de leurs connaissances ? Et si le propriétaire du commerce le permet, joignez-y un chèque-cadeau échangeable chez vous ou chez un de vos partenaires. En agissant de la sorte, vous encouragez la fidélisation.

Les clients perdus

Peu de vendeurs se préoccupent des clients perdus. Trop occupés à courir les nouveaux clients, ils en viennent à négliger ceux qui les ont quittés et qui ont encore une bonne valeur totale. À l'égard des clients perdus, votre stratégie sera double : vous essayerez de découvrir pourquoi ils vous ont quitté et vous tenterez, si besoin est, de rebâtir les ponts avec eux.

1. Que s'est-il passé?

La meilleure façon de savoir pourquoi vous ne voyez plus ce client qui achetait toutes les semaines depuis trois ans, c'est de l'appeler et de le lui demander. Diverses explications sont possibles.

- Il est en colère. Peut-être que son dernier achat a tourné au cauchemar (une livraison faite avec beaucoup de retard, par exemple) et qu'il vous en veut encore. Dans ce cas, tentez d'en apprendre plus et écoutez.

- Il a succombé à l'offre spéciale d'un concurrent. Vous devez alors lui demander ce qui l'a séduit dans l'offre concurrente.

- Il a déménagé loin de votre commerce ou est décédé.

2. Rebâtir les ponts

Vous ne pouvez évidemment pas rebâtir les ponts avant de connaître la raison pour laquelle vous avez perdu un consommateur. Votre matériau de base pour y arriver est l'information que le client vous a communiquée à l'étape précédente («Que s'est-il passé?»). Voici quelques façons de faire qui ont déjà mené à de bons résultats.

- Si l'individu est en colère, commencez par vous assurer que la situation ne se reproduira pas avec un autre consommateur. Quand ce sera fait, écrivez au client perdu pour lui faire part de tous les gestes que vous avez posés pour que personne ne revive sa malheureuse expérience. En terminant, remerciez-le de sa franchise.

- S'il a succombé à une offre irrésistible d'un concurrent, évaluez la valeur à long terme du client et le coût d'une offre encore meilleure. Si cela vous semble intéressant, faites-lui parvenir cette nouvelle offre.

Remarquez que votre but n'est pas nécessairement de ramener les clients perdus dans votre machine à clients. Vous devez plutôt désamorcer leur colère et éviter qu'ils vous fassent de la mauvaise publicité.

Les clients délinquants

C'est la catégorie la plus simple à gérer. Votre stratégie à l'égard des clients délinquants consiste à ne pas les intégrer à vos autres stratégies de gestion de la clientèle. Si vous le faites, ils reviendront...

Votre livre d'or

L'outil qui vous permettra de bien gérer votre clientèle est votre livre d'or, un cahier dans lequel vous insérerez des pages semblables à celle présentée à la page suivante. Voici comment utiliser votre livre d'or.

- Chaque soir, pour chaque nouveau client rencontré dans la journée, ouvrez une nouvelle page en recopiant le contenu de votre fiche client.

- Maintenez à jour la liste des transactions que vous avez faites avec chaque client. Ainsi, si vous vendez de nouveau un article à un client fidélisé, vous inscrirez «Vente» dans la colonne *Action*, le numéro de facture dans la colonne *Référence* et la date de la transaction dans la colonne *Date*.

Nom:				Page		
Adresse:				Statut:		
Téléphone:		Télécopieur:		Courriel:		
Action:	Référence:	Date:	À faire:	Date:	OK?	

NOTES:

- Inscrivez également toutes les notes qui vous aideront à relancer le client. Ainsi, si ce dernier prévoit acheter un mobilier de cuisine au printemps, inscrivez «relance mobilier de cuisine» dans la colonne *À faire* et la date où vous devez le rappeler dans la colonne *Date*. Vous cocherez la colonne *OK?* quand ce sera fait.

- Maintenez à jour le statut (*beback*, client, client fidélisé, client perdu ou client délinquant) de votre client dans la case prévue à cette fin. Cela vous sera utile si vous décidez, par exemple, d'inviter à une vente privée tous vos clients fidélisés.

Il est fort possible que, à partir de 250 ou 300 clients, vous deviez informatiser ce système, mais, pour débuter, la version papier est tout à fait adéquate.

L'importance de la constance

Si vous suivez les conseils présentés dans ce chapitre, votre clientèle ne tardera pas à s'accroître. Vos clients seront heureux de vous rencontrer et ils vous recommanderont à d'autres personnes. Bien des fois, vous aurez quelques rendez-vous avant même de commencer la journée.

Pour que la machine à clients fonctionne bien, c'est la constance qui importe. Vous ne profiterez pas de ces conseils si vous ne les appliquez pas chaque semaine. On ne peut fidéliser la clientèle une seule journée par année. On ne peut remercier les clients une seule semaine par an. On ne peut se préoccuper des consommateurs perdus un seul mois dans l'année. La gestion de la clientèle doit être une préoccupation quotidienne.

Le défi vous semble de taille? Ne vous en faites pas. Nous vous présentons un programme de développement personnel au chapitre suivant.

13 〉 *Votre programme personnel*

Qu'allez-vous faire de tout ce que vous avez lu jusqu'ici ? Si vous entre-prenez de modifier d'un seul coup vos vieilles habitudes en ce qui concerne chacune des étapes de la vente au détail et que, simultané-ment, vous mettez sur pied un programme qui fidélisera vos clients, les encouragera à vous envoyer leurs connaissances, vous permettra de repérer les clients délinquants et d'augmenter vos ventes, vous finirez la semaine sur les genoux et abandonnerez tout dès le lundi suivant.

Car les vieilles habitudes sont tenaces. Elles nous maintiennent dans une zone de confort qu'il est difficile de quitter. Se libérer du statu quo demande des efforts qu'il ne faut pas éparpiller si l'on souhaite modifier ses comportements et atteindre ses objectifs.

Ce chapitre vous donnera les outils pour y arriver. Il vous incitera à reprendre la lecture de ce livre par petites bouchées, étape par étape, et à appliquer chacun de ses concepts dans le cadre de votre travail, chaque jour.

Nous vous proposons, dans les pages qui suivent, un processus qui vous permettra de créer votre propre programme d'application du contenu de ce livre à votre travail quotidien. Quel que soit votre secteur d'activité, ce programme personnel s'adresse à vous. Mais tout d'abord, discutons un peu de l'importance de se fixer des objectifs précis si l'on souhaite réussir.

La puissance des objectifs

Nous allons, dans ce chapitre, vous aider à vous fixer des objectifs et vous donner une méthode pour les atteindre. Mais avant d'élaborer votre programme personnel, il faut comprendre pourquoi vous devez vous fixer des objectifs.

Il est impossible d'appliquer les concepts présentés dans ce livre sans changer vos comportements actuels. Or, changer un comportement exige des efforts. C'est une rupture avec le statu quo, une rupture qui comporte des risques, puisque se fixer des objectifs, c'est risquer l'échec. Une personne qui ne se donne aucun but ne connaîtra jamais d'échecs, mais elle aura énormément de difficulté à prendre sa destinée en main.

La différence entre un rêve et un objectif est énorme. Si vous rangez ce livre dans votre bibliothèque dès que vous en aurez terminé la lecture en vous disant que vous tenterez, au cours des prochaines semaines, d'en mettre le contenu en pratique, il s'agit d'un rêve. À court terme, deux choses risquent de se produire.

• Vous tenterez de tout mettre en oeuvre en même temps, ce qui exigera de votre part des efforts tellement grands que, dès le deuxième jour, vous vous direz que le livre était certes intéressant, mais qu'il ne s'appliquait pas à votre situation particulière.

- Le matin où vous arriverez au travail bien décidé à devenir une vedette de la vente, les événements (appels téléphoniques, problème pressant à régler, réception d'une livraison, visite d'un représentant, etc.) se bousculeront et, à la fin de la journée, vous serez épuisé et prêt à remettre à plus tard vos projets d'amélioration. Une personne qui n'a pas d'objectif accepte implicitement de laisser le contrôle de sa vie aux événements extérieurs, sur lesquels elle n'a aucune influence.

Votre rêve est un voyage que vous ne compléterez jamais si vous ne le divisez pas en une série d'étapes intermédiaires. Ces étapes, ce sont des objectifs, et ils doivent présenter certaines caractéristiques pour être de bonne qualité.

Les qualités d'un bon objectif

Pour être utile, un objectif doit remplir quatre conditions. Pour illustrer ces concepts, supposons que votre objectif initial est de «vendre plus».

- *Un bon objectif a de la valeur pour vous.* Si votre objectif vous indiffère, pourquoi investiriez-vous les efforts nécessaires à son atteinte? Autant laisser les événements extérieurs décider pour vous et conserver votre énergie pour d'autres activités. Un bon objectif doit vous faire vibrer. Il doit vous disposer à dépenser l'énergie nécessaire à sa réalisation. Si l'idée de vendre plus ne vous fait pas vibrer, votre projet restera un vœu pieux.

- *Un bon objectif est mesurable.* Si vous ne pouvez pas mesurer vos résultats et dire si, oui ou non, vous avez atteint votre objectif, c'est que ce n'en était pas un. Ainsi, *vendre plus* n'est pas un objectif valable tant que vous ne l'avez pas quantifié. Il serait mesurable si vous disiez que vous souhaitez vendre pour 12 000 $.

205

- *Un bon objectif est limité dans le temps.* À quoi bon se fixer pour objectif de vendre pour 12 000 $ si on ne s'assigne pas de limite dans le temps pour le faire ? Souhaitez-vous vendre pour ce montant dans une journée, au cours de la semaine prochaine ou d'ici au 30 septembre ? Un objectif qui n'a pas de limite temporelle n'a pas de valeur.

- *Un bon objectif est raisonnable.* Supposons que, à la lecture des points précédents, vous ayez établi l'objectif de « vendre pour 12 000 $ dans la journée de vendredi ». Est-ce réalisable ? Se donner un objectif irréaliste équivaut à ne pas s'en donner. À quoi bon investir son énergie dans un projet déraisonnable ?

Si l'objectif est mesurable, limité dans le temps, qu'il est vôtre et qu'il vous semble raisonnable, vous aurez envie d'investir l'énergie nécessaire à son atteinte. Quand ces quatre conditions sont remplies, l'objectif devient un moyen de réaliser votre rêve.

La grille hebdomadaire

Votre outil de travail, tout au long de votre apprentissage, sera la grille hebdomadaire sur la page ci-contre. Nous vous encourageons à en faire tout de suite une dizaine de photocopies que vous placerez dans votre livre d'or.

Remarquez que cette grille est divisée en trois sections qui vous permettront de vous fixer trois objectifs par semaine, lesquels porteront sur le processus de vente, vos apprentissages et la gestion de votre clientèle.

Vous allez maintenant remplir votre première grille hebdomadaire en suivant trois étapes. Commencez par écrire le chiffre 1 dans le coin supérieur droit et inscrivez sur la deuxième ligne la date du début et celle de la fin de cette première semaine.

	Semaine n°	
Semaine du	au	

PROCESSUS DE VENTE

Objectif :

Mesure du succès :

Effort et pourcentage de réalisation :

Lundi :	Mardi :	Mercredi :	Jeudi :	Vendredi :	Samedi :	Dimanche :

APPRENTISSAGE

Objectif :

Mesure du succès :

Effort et pourcentage de réalisation :

Lundi :	Mardi :	Mercredi :	Jeudi :	Vendredi :	Samedi :	Dimanche :

GESTION DE LA CLIENTÈLE

Objectif :

Mesure du succès :

Effort et pourcentage de réalisation :

Lundi :	Mardi :	Mercredi :	Jeudi :	Vendredi :	Samedi :	Dimanche :

NOTES :

La section « Processus de vente »

Cette première section de la grille hebdomadaire est divisée en trois parties. Vous trouverez dans les pages qui suivent quelques conseils pour les remplir. Les chapitres 4 et 5, ainsi que les chapitres 7 à 11 vous seront également utiles.

1. L'objectif

Quel sera votre objectif en ce qui a trait à la maîtrise du processus de vente ? Vous définirez cet objectif en relisant les chapitres 4, 5, 7, 8, 9, 10 et 11. Des centaines d'objectifs sont possibles. Par exemple, un vendeur de meubles pourrait choisir parmi les objectifs suivants.

- Apprendre à saluer les clients sans les assaillir.
- Apprendre à reconnaître les extravertis et les introvertis.
- Écouter un client qui lui fait part de ses besoins sans l'interrompre.
- Apprendre à reconnaître les amoureux du détail et les généralistes.
- Dresser un tableau des caractéristiques, avantages et bénéfices pour la section des fauteuils inclinables.
- Offrir un programme de financement avec enthousiasme.
- Faire une présentation adaptée au type de client (amoureux du détail ou généraliste).
- Commencer à remplir des fiches clients.
- Commencer la rédaction d'un répertoire des objections les plus communes.
- Apprendre à reconnaître les cérébraux et les émotifs.
- Maîtriser la conclusion proactive.
- Assembler un livre d'or.
- Entreprendre la gestion quotidienne du livre d'or.

D'entrée de jeu, puisqu'il doit être atteint d'ici à une semaine, votre objectif est limité dans le temps. Assurez-vous également qu'il vous intéresse vraiment, qu'il est raisonnable et qu'il est mesurable. Vous le ferez à l'étape suivante.

2. La mesure du succès

Quand saurez-vous que votre objectif est atteint? À quel moment un vendeur qui aurait pour objectif de «maîtriser la conclusion proactive» saurait-il qu'il y est arrivé?

Il pourrait certes inscrire comme mesure du succès: «faire 30 ventes en utilisant cette conclusion durant la semaine». Mais serait-ce bien raisonnable, dans la mesure où cette technique de conclusion ne lui est pas familière?

Au fur et à mesure que se précisera la manière dont il peut mesurer son succès, le vendeur sera peut-être appelé à réviser la formulation de son objectif. Ainsi, celui-ci pourrait fort bien passer de «maîtriser la conclusion proactive» à «améliorer ma maîtrise de la conclusion proactive». Du coup, l'objectif devient plus raisonnable et, pour le mesurer, notre vendeur pourrait choisir cette formule: «utiliser au moins six fois la conclusion proactive cette semaine.»

À la fin de cette étape, votre objectif devrait réunir les quatre conditions d'un bon objectif.

3. L'effort et le pourcentage de réalisation

Le vendeur doit encore évaluer chaque jour ses efforts et le pourcentage de réalisation de son objectif. Si, par exemple, pendant la première journée de sa semaine de travail, il ne fait aucun effort pour améliorer sa maîtrise de la conclusion proactive, il inscrira «0 — 0%» dans la case appropriée. Le premier chiffre traduit l'effort qu'il a fourni au cours de cette journée et le 0 % indique que, pour la semaine courante, il n'a pas encore réalisé une seule conclusion proactive relativement à son objectif de 6. Si, un peu plus tard dans la semaine, il inscrit «90 % — 100 %», c'est qu'il aura fait beaucoup d'effort et que son objectif sera atteint.

Remplissez cette section de votre première grille hebdomadaire avant de continuer votre lecture. Ne vous contentez pas de lire ces exemples. Révisez, si nécessaire, les chapitres antérieurs pour trouver un objectif qui a vraiment de la valeur pour vous.

La section «Apprentissage»

Reprenons la démarche de notre vendeur de meubles. Ses objectifs initiaux pourraient être ceux-ci :

- Comprendre la liste de prix de la compagnie Frigidaire®.

- Maîtriser le fonctionnement du terminal de validation des cartes de crédit.

- Comprendre pourquoi le prix des produits de la compagnie A est plus élevé que celui des produits de la compagnie B.

- Comprendre comment l'ordinateur présente l'information relative aux quantités d'articles en stock.

- Être au fait des publicités émises cette semaine par ses concurrents.

- Savoir sur quoi il doit se baser pour prendre une décision éclairée quand un client demande un remboursement.

- Être en mesure d'expliquer comment fonctionnent les garanties de ses fournisseurs de matelas.

- Comprendre ce qui différencie les programmes de financement qu'il offre à la clientèle.

- Apprendre à utiliser le nouveau catalogue de la compagnie Z.

- Apprendre par lui-même quels sont les prix de ses concurrents pour une commode 2309-076.

Voici également la mesure du succès qu'il pourrait choisir pour ce dernier objectif : aller visiter Meubles Gabriel mardi matin et consulter les étiquettes de la série 2309. Faire la même chose vendredi matin chez Triple-Meubles.

La section « Gestion de la clientèle »

Le chapitre 6 constituait votre matière première pour la section précédente, tandis que le chapitre 12 présentait les concepts que vous utiliserez pour cette troisième et dernière série d'objectifs. Ceux-ci peuvent porter sur deux volets : les outils ou les actions.

1. Les outils

Il s'agit de tous les éléments dont vous pouvez avoir besoin pour mettre en œuvre une action de marketing. Par exemple, notre vendeur de meubles pourrait, au chapitre des outils, se donner les objectifs suivants.

- Revoir la présentation de ses cartes professionnelles.

- Évaluer le pourcentage de ses clients qui entrent dans la catégorie des *bebacks*.

- Reporter ses fiches clients dans son livre d'or sans tarder, tous les jours.

- Prendre l'habitude de demander aux clients qui leur a recommandé son magasin.

- Rédiger une lettre qui lui permettra de fidéliser ses clients en les remerciant pour leur confiance.

Pour ce dernier objectif, la mesure du succès de notre vendeur pourrait simplement être « terminer le texte et le faire corriger ».

2. Les actions

Puisque les actions résultent de l'utilisation des outils, il est probable que votre objectif de la première semaine sera surtout centré sur les outils. Voici tout de même quelques objectifs que pourrait se donner notre vendeur de meubles.

- Repérez au moins deux clients perdus.

- Rappeler au moins un client perdu.

- Rappeler un client qui lui avait mentionné, il y a deux mois, qu'il changerait bientôt son mobilier de salle à manger.

- Expédier une lettre de remerciements à ses clients.

Pour ce dernier objectif, la mesure du succès établie par le vendeur pourrait être d'envoyer des lettres de remerciements à 50 % de ses clients de la semaine.

Votre grille hebdomadaire au quotidien

La grille hebdomadaire doit vous suivre tout au long de votre semaine de travail. Ne la remplissez pas pour vous en débarrasser. Voici par exemple comment, en cinq étapes faciles, vous pourriez intégrer votre grille à vos journées de travail.

- Vous devriez la remplir, sans aucune hâte, pendant votre journée de congé. Vous y mettrez moins de 30 minutes et cela vous aidera à vous préparer mentalement à relever vos trois défis de la semaine.

- Tous les matins, en arrivant au travail, relisez vos objectifs afin de les avoir en tête tout au long de la journée.

- Tous les soirs, inscrivez votre score quotidien en évaluant vos efforts et le pourcentage de réalisation de chaque objectif. Ainsi, si le vendeur qui s'est donné comme objectif de rédiger une lettre de remerciements à poster à ses clients la rédige dès la première journée de la semaine, il inscrira 100 — 100 % dans la colonne appropriée. C'est donc dire qu'il sera en congé tout le reste de la semaine en ce qui a trait à cet objectif et que ses efforts ne porteront plus que sur les deux autres objectifs.

• Si, vers la fin de la semaine, vous en êtes toujours à 0 % de réalisation pour un objectif donné, faites-en votre objectif prioritaire.

• Quand vous vous rendez compte, à la fin de la semaine, que vous avez atteint vos trois objectifs, récompensez-vous en vous offrant un disque, un livre ou une sortie. Vous le méritez bien !

Après quelques semaines, vos techniques de vente se seront améliorées, vous aimerez davantage votre travail, vos clients vous apprécieront plus et vous aurez l'impression de contrôler ce qui vous arrive. Vous serez devenu un vendeur-entrepreneur.

14 ⟩ *Le développement de votre carrière*

Un propriétaire d'entreprise doit constamment avoir trois horizons temporels à l'esprit. Il se doit de penser à court terme pour régler les affaires courantes et éteindre les feux. Il se doit de penser à moyen terme pour planifier le travail, embaucher et former le personnel. Il doit également penser à long terme et prendre des décisions touchant l'investissement, la vente ou la diversification dans de nouveaux marchés.

En tant que vendeur-entrepreneur, vous faites également face à trois horizons temporels, et ceux-ci vous obligent à jouer les tacticiens, les administrateurs et les stratèges.

• *Court terme.* Cet horizon vous permet de maximiser l'utilisation de chaque journée. Vous devez gagner votre vie, satisfaire les clients qui se présentent au magasin et faire face à toutes les crises. Ces tâches exigent un tempérament de tacticien et une capacité d'adaptation rapide. Vous devez pouvoir «virer sur un dix sous».

- *Moyen terme.* Cet horizon vous permet de maximiser les retombées du temps que vous passez chez votre employeur. Vous devez gérer votre clientèle et vous assurer que votre machine à clients est bien huilée. Ces tâches exigent un tempérament d'administrateur et une rigueur constante.

- *Long terme.* Cet horizon vous permet de mieux gérer votre carrière. Malgré l'énergie et le temps que les deux premiers horizons exigent de vous, vous devez vous réserver du temps pour accroître votre valeur marchande, négocier les meilleures conditions possibles avec votre patron ou étudier les propositions des concurrents qui souhaiteraient vous recruter.

Alors que les 13 premiers chapitres portaient sur les horizons à court et moyen terme, ce chapitre a pour but de vous aider à élargir votre horizon à long terme.

Le jeu du travail

Avant d'écrire son excellent ouvrage intitulé *The Game of Work*, Charles A. Coonradt s'est posé la question suivante : Comment se fait-il que des personnes travaillent sans aucun enthousiasme, n'aspirant qu'à terminer leur journée pour se lancer dans des activités sportives (ligue de quilles, équipe de baseball, etc.) qui leur permettront de dépenser l'énergie qu'elles ont conservée depuis le matin ? En d'autres termes, en quoi ces activités sont-elles plus motivantes que le travail ?

Coonradt a trouvé cinq différences entre le travail et le jeu, lesquelles expliquent ces comportements différents. En voici un petit résumé.

- *Quand on joue, on sait quels objectifs doivent être atteints pour gagner.* Votre équipe de baseball doit marquer plus de points que l'équipe adverse. Tout le monde sait comment on déterminera, en fin de partie, qui a gagné et qui a perdu. Dans les emplois qui ne les motivent pas, les employés ne savent jamais par eux-mêmes s'ils ont perdu ou gagné. Ils doivent attendre que leur patron le leur dise. Si celui-ci est peu communicatif, ils finissent par se lasser d'attendre.

• *Quand on joue, on sait comment sont comptés les points.* À tout moment, tous les participants savent où en est le score, sans avoir à le demander. Et c'est sur la base de statistiques que sont évalués les joueurs. On saura ainsi, au baseball, que telle équipe a une moyenne de 0,456 ou que tel joueur présente une fiche de 3-4-5. On sait immédiatement qui est le meilleur joueur. Au travail, ce n'est pas toujours évident.

• *Quand on joue, le «feed-back» est fréquent.* On sait immédiatement, après un tour au bâton, si notre moyenne s'est améliorée ou si elle a baissé. Ce n'est pas toujours le cas au travail.

• *Quand on joue, les règlements ne changent pas entre les périodes ou les manches.* Au travail, le patron peut changer les règles du jeu selon son bon vouloir.

• *Quand on joue, on a vraiment l'impression de pouvoir influencer le résultat de la partie.* Si vous avez l'impression que votre présence n'améliore pas la performance de votre équipe au travail, vous finirez par ménager vos efforts et chercher ailleurs des moyens de vous réaliser.

Gérer sa carrière, c'est s'assurer que celle-ci deviendra aussi motivante qu'un jeu. Pour y arriver, il faut intégrer à son environnement de travail les cinq caractéristiques propres au jeu.

Si vous avez déjà commencé à utiliser votre grille hebdomadaire et que vous avez atteint vos trois objectifs de la semaine, vous êtes déjà en mesure de savoir si, oui ou non, vous avez «gagné» cette semaine. Pour que vous ayez encore plus de plaisir au travail, tentons maintenant de réunir les quatre autres conditions.

Augmentez votre valeur marchande

Reprenons l'analogie du sport pour déterminer comment vous pouvez augmenter votre valeur marchande. Qu'est-ce qui détermine la valeur d'un joueur quand vient le temps de négocier ses conditions de travail ? Trois facteurs entrent en jeu.

- *Les statistiques du joueur.* La fiche statistique d'un joueur permet de le comparer objectivement aux autres joueurs de la ligue. Nous verrons, dans les pages qui suivent, comment vous pouvez compiler vos propres statistiques dans ce beau sport qu'est la vente.

- *Les rapports du joueur avec les autres membres de l'équipe et avec l'entraîneur.* Il est plus tentant de se débarrasser d'un joueur qui se chicane constamment avec ses coéquipiers ou avec son entraîneur, que d'un joueur qui contribue à maintenir un bon esprit d'équipe.

- *L'affection du public à l'égard du joueur.* Un joueur adulé du public et qui fait vendre des billets aura toujours une valeur supérieure à celle d'un joueur qui laisse les partisans indifférents. De même, si les clients arrivent en masse au commerce en vous demandant nommément, vous devenez rapidement indispensable aux yeux de votre supérieur.

Si vous avez appliqué les conseils que nous vous avons prodigués jusqu'ici, vous jouissez déjà de l'affection du public. Pour augmenter votre valeur marchande, il ne vous reste plus qu'à améliorer vos rapports avec les membres de votre équipe et à perfectionner votre fiche statistique.

Vous n'avez pas de fiche statistique ? Rien ne vous empêche de la créer. Que diriez-vous de la fiche suivante ?

STATISTIQUES			
TC	MB	$V/HT	TP

Nous allons maintenant vous expliquer comment calculer les statistiques que vous inscrirez dans chacune des colonnes de cette fiche.

1. Le taux de conclusion (TC)

Le taux de conclusion consiste en un rapport entre le nombre de clients que vous rencontrez durant une période donnée et le nombre de ventes que vous concluez. On l'obtient en divisant le nombre de ventes conclues par le nombre de clients rencontrés. Ainsi, si vous avez rencontré 10 clients et que vous avez conclu 5 ventes, votre taux de conclusion est de 50 %. Il va sans dire que plus ce taux est élevé, plus votre valeur augmente.

2. La marge brute (MB)

La marge brute, c'est ce qu'il reste du montant de la vente une fois que le détaillant a payé le produit. Si un article coûte 60 $, que son transport jusqu'au magasin coûte 10 $ et que vous le vendez 100 $, votre marge brute est de 30 %, soit (100 - (60 + 10)) x 100. Beaucoup de vendeurs ont tendance à vendre les produits promotionnels ou, s'ils jouissent d'une certaine marge de manœuvre, à baisser le prix des produits qu'ils vendent. Le vendeur qui maintient une marge brute élevée a une valeur marchande supérieure à celle de ses pairs.

3. Le montant de ventes par heure travaillée ($V/HT)

Il est hasardeux de comparer des vendeurs en alignant simplement leurs chiffres de ventes hebdomadaires. Si la majorité d'entre eux ont travaillé 30 heures et qu'un seul vendeur a travaillé 55 heures, ce dernier présentera probablement un volume de ventes supérieur. Doit-on conclure qu'il est le meilleur vendeur?

Mieux vaut comparer le montant des ventes par heure travaillée. On calcule ce ratio en divisant les ventes hebdomadaires d'un vendeur par le nombre d'heures pendant lesquelles il a travaillé. Si un vendeur a vendu pour 10 000 $ dans sa semaine et qu'il a travaillé 10 heures, son ratio $V/HT est de 1 000 $. Il a vendu 1 000 $ pour chaque heure travaillée.

4. Le taux de problème (TP)

Il est normal, dans le commerce de détail, d'éprouver des problèmes de temps à autre. Cela fait partie du travail. Mais certains vendeurs s'attirent plus de problèmes que d'autres, notamment en faisant des promesses irréalisables ou en exagérant les qualités du produit qu'ils tentent de vendre. Le taux de problème se calcule facilement: on divise le nombre de problèmes qu'un vendeur a éprouvés pendant une période donnée par le nombre de ventes qu'il a conclues pendant la même période.

Les employeurs accordent naturellement une valeur supérieure aux vendeurs qui affichent un taux de problème inférieur.

Prenez l'habitude de mesurer et de documenter vos performances relatives à ces quatre indicateurs; cela vous apportera de nombreux avantages.

- Vous pourrez, semaine après semaine, évaluer votre progression en fonction de chacun des indicateurs. Ce faisant, vous n'aurez pas à attendre le rapport d'un supérieur pour savoir si vous gagnez ou si vous perdez. Vous aurez le sentiment d'avoir plus de contrôle sur la partie.

- Vous augmenterez votre pouvoir de négociation parce que votre patron n'a probablement pas accès à ces statistiques. Vous serez en mesure de vous entendre avec lui sur les règlements de la partie en cours.

Bref, en évaluant votre performance et en étudiant vos statistiques, vous aurez une meilleure idée de votre valeur et éprouverez plus de plaisir au travail.

Tenir le compte de ses statistiques est assez facile. Il suffit d'utiliser un tableau où figurent les variables nécessaires au calcul des ratios sus-mentionnés, et de calculer ces derniers à chaque fin de journée. Voici un tableau déjà rempli que vous pourrez utiliser pour suivre vos performances. En guise d'exercice, tentez de trouver comment les différents indicateurs de performance ont été calculés.

CALCUL DES STATISTIQUES	
Nombre de clients rencontrés	‖‖ ‖‖ ‖‖
Nombre de ventes conclues	‖‖
Montant des ventes	75$ 125$ 25$ 100$ 50$ = 375$
Coût des produits vendus	50$ 75$ 12$ 66$ 40$ = 243$
Heures travaillées	6
Problèmes soulevés	0
TC	33,33%
MB	35,20%
$V/HT	62,50$
TP	0%

Améliorez vos conditions de travail

Au fur et à mesure que votre valeur augmentera, vous serez tenté de renégocier vos conditions de travail avec votre employeur. Pour que ces négociations se passent bien, assurez-vous d'adopter l'attitude d'un partenaire et d'orienter les négociations non pas vers la seule satisfaction de vos besoins, mais bien vers une amélioration de vos sorts respectifs. Pour y arriver, vous pourriez présenter la situation de la façon exposée dans les exemples suivants.

- « Je sais que les affaires sont bonnes, mais j'aurais quelques suggestions pour qu'elles soient meilleures encore. »

- « Nous voulons tous améliorer notre sort et j'ai pensé à quelques façons de bonifier le mien, tout comme le vôtre. Souhaitez-vous que nous en parlions tout de suite ? »

Dans ces conditions, vous aurez toute l'attention de votre patron. Il sait que vous avez développé vos compétences au cours des derniers mois, mais ne le laissez pas dans le vague. Présentez-lui vos statistiques et dites-lui que vous avez pu jusqu'à maintenant améliorer tout seul vos performances, mais que, pour aller plus loin, vous aurez besoin de son appui.

Votre patron, qui sait pertinemment que ses gains augmentent lorsque vous vendez plus, vous demandera de quoi vous avez besoin. Vous serez alors en situation de vente. Présentez toutes vos requêtes en faisant valoir un ou plusieurs bénéfices qu'en retirera l'entreprise. Le tableau suivant réunit quelques exemples.

LA REQUÊTE	CE QUE VOTRE PATRON Y GAGNE
Un soutien administratif pour expédier mes lettres de remerciements ou de relance.	Une augmentation du temps où vous êtes en situation de vente active.
Une augmentation de votre taux de commission si vous dépassez un certain seuil mensuel de ventes.	L'assurance que vous vous réalisez au travail et que vous ne serez pas tenté d'aller voir ailleurs.
La possibilité d'assister aux expositions des fournisseurs.	Un vendeur encore plus compétent.

N'ayez pas peur d'être mal reçu; si vous arrivez avec l'attitude d'un partenaire, vous en sortirez toujours gagnant.

Les propositions de changement de carrière

Nous avons déjà mentionné que plus vous développerez votre clientèle, plus vous vous attacherez à celle-ci et moins vous serez tenté par les offres des concurrents de votre employeur. C'est toujours vrai, mais il y a des raisons qui peuvent vous pousser à passer dans une équipe adverse.

• Le commerce de détail dans lequel vous avez développé vos compétences est situé dans une zone commerciale peu importante où il est impossible d'augmenter vos revenus.

• Votre patron actuel favorise la vente à tout prix, sans tenir compte des besoins des clients ou de leur valeur à long terme.

• Votre employeur actuel a une réputation tellement mauvaise chez les clients potentiels qu'il est presque impossible que vous puissiez développer une clientèle importante.

Ne prenez jamais la décision de changer de carrière sur un coup de tête et assurez-vous, si vous le faites, de ne pas retrouver chez votre nouvel employeur les problèmes qui sévissaient chez celui que vous avez quitté.

Conclusion

Que diriez-vous de doubler votre volume de ventes, vos revenus personnels et votre valeur marchande en tant que vendeur professionnel ? Est-ce possible et, si oui, comment pouvez-vous y arriver ? Il existe deux façons de le faire. Pour les illustrer, supposons que vous travaillez actuellement 25 heures par semaine et que votre taux de conclusion est de 15 %.

Vous pourriez, sans même vous efforcer d'appliquer les conseils que nous vous avons donnés tout au long de cet ouvrage, doubler vos ventes en doublant le nombre d'heures que vous passez au travail. En travaillant 50 heures par semaine, il est probable que vous doublerez votre volume de ventes et votre revenu. Votre valeur marchande, cependant, n'augmentera pas vraiment parce que vous continuerez à laisser partir 85 % de vos clients les mains vides.

Vous pourriez aussi, en mettant en pratique tous les principes présentés dans ce livre, doubler votre taux de conclusion en le portant à 30 %. Dans ce cas, vos ventes doubleraient, vos revenus personnels en feraient autant (si vous êtes rémunéré à la commission) et votre valeur marchande augmenterait dans une proportion encore plus grande. En prime, vous n'auriez pas à travailler plus longtemps que vous ne le faites actuellement et chaque heure travaillée passerait bien plus vite, vous laissant plus reposé en fin de journée.

Que pensez-vous de cette seconde possibilité ? Elle est attirante, n'est-ce pas ? Si vous avez poussé votre lecture jusqu'ici, vous êtes sur la bonne voie. Il ne vous reste qu'un obstacle à franchir avant de pouvoir matérialiser vos espoirs et votre désir de réussite. Cet obstacle, qui vous empêche de devenir un vendeur-entrepreneur prospère, c'est l'attachement que vous avez développé pour votre zone de confort.

Pas facile de se décider

Ce n'est pas facile de remettre en question une routine. La routine nous permet de fonctionner en mode pilote automatique, sans douter de chacun de nos gestes. L'acquisition de nouvelles habitudes, en revanche, demande des efforts constants.

Ces efforts sembleraient bien peu de chose si les résultats étaient immédiats. Mais force est d'avouer que ce n'est pas le cas. Au début, malgré vos efforts, vos gestes sembleront gauches et vous n'aurez pas nécessairement l'impression de vous améliorer. Ce n'est que quelques semaines plus tard, après bien des efforts, que deux choses intéressantes se passeront.

- Vous aurez développé de nouvelles habiletés et votre performance au travail se sera améliorée de façon notable. Vous saurez à ce moment que vos efforts constituaient un bon investissement.

- Ces nouvelles habiletés seront peu à peu, à leur tour, devenues des habitudes, de sorte que leur exercice exigera peu d'efforts de votre part.

Les premières semaines seront donc plus difficiles et vous aurez souvent envie de reprendre vos vieilles habitudes, qui sont si confortables. D'autant plus que vos collègues ne se gêneront pas pour vous décourager.

Et vos collègues ?

Pendant la phase de transition, ne vous attendez pas à des encouragements soutenus de la part de vos collègues, surtout s'ils sont du genre à jouer les pies, les mouches, les paons, les hiboux, les fourmis ou les araignées. Ils risquent d'être agacés par vos efforts et vous laisseront entendre que « tout ça, c'est bien beau », mais que ça ne s'applique pas à votre secteur d'activité. Cette réaction est normale parce que, en vous remettant en question, vous les remettez eux aussi en question.

Vous vous demanderez alors comment continuer à vous améliorer tout en conservant de bonnes relations avec vos collègues. La réponse est simple : donnez-leur des trucs qui leur permettront aussi de rendre meilleures leurs performances. Ils vous en seront reconnaissants et, plus important encore, la satisfaction globale des clients du commerce s'accroîtra. Cela aura un effet d'entraînement sur vos ventes personnelles.

Vous n'aurez jamais terminé

Concluons cet ouvrage avec un autre défi : vous n'aurez jamais fini d'apprendre à mieux vendre. Rappelez vous l'équation du succès dans la vente :

$$Sv = f \text{ (compétence du vendeur x compréhension du client)}$$

Cette équation cache en elle une réalité que nous gardions pour la fin : puisque votre environnement est en constant changement, vous n'aurez jamais fini d'en apprendre sur vos produits, vos politiques, vos stocks, vos concurrents, vos programmes de financement et vos outils de travail. Et puisque les clients sont influencés par leur entourage et par les médias, leurs motivations et leurs champs d'intérêt sont en constant changement ; vous n'aurez donc jamais fini de les comprendre.

Le succès dans la vente n'est donc pas une destination finale, mais un périple sans fin. Le plaisir n'est pas d'arriver, mais de cheminer, de continuer à apprendre tout en développant une clientèle fidèle et en atteignant les objectifs personnels que l'on se fixe.

Un adage chinois dit qu'il n'est pas de grand voyage qui ne commence par un petit pas. Nous espérons que ce volume vous aura convaincu de faire ce premier pas.

Bonne chance !

Bibliographie

ALESSANDRA, Anthony et Jim CATHCART. *The Business of Selling*, New York, Keynote Publishing Company, 1998, 200 p.

BOOTHMAN, Nicholas. *How to Make People Like You in 90 Seconds or Less*, Kendal, Fleetwood Press, 1999, 94 p.

BROCK, Susan A. *Using Type in Selling: Building Customer Relationships With the Myers-Briggs Type Indicator*, Palo Alto, Consulting Psychologists Press, 1994, 32 p.

CATHCART, Jim. *Relationship Selling*, New York, Perigee Books, 1990, 128 p.

CIALDINI, Robert B. *Influence: The Psychology of Persuasion*, New York, Quill William Morrow, 1993, 320 p.

COONRADT, Charles A. *The Game of Work,* Utah, Liberty Press, 1991, 148 p.

DION, James E. *Retail Selling Ain't Brain Surgery, It's Twice As Hard*, Toronto, J.C. Williams Group, 1995, 126 p.

FAST, Julius. *Body Language*, New York, MFJ Books, 1970, 192 p.

HEIMAN, Stephen E. et Diane SANCHEZ. *The New Strategic Selling*, New York, Warner Books, 1998, 436 p.

HOGAN, Kevin. *The Psychology of Persuasion*, Louisiane, Pelican Publishing Company, 1996, 287 p.

LAWHON, John F. *Selling Retail*, Tulsa, J. Franklin Publisher, 1986, 350 p.

LAWHON, John F. *The Selling Bible*, Tulsa, J. Franklin Publisher, 1996, 489 p.

MILLER, Robert B. et Stephen E. HEIMAN. *Conceptual Selling*, New York, Warner Books, 1987, 320 p.

MERINO, Peter. *Winning Bragging Rights*, Furniture World Publication, 1991, 60 p.

MERINO, Peter. *The 35 Principles of Selling*, cédérom distribué par Furniture World.

Ministère de l'Industrie et du Commerce. *Les techniques de vente*, Montréal et Charlesbourg, Éditions Transcontinental et Fondation de l'entrepreneurship, 2000, 40 p.

SAMSON, Alain. *Communiquez! Négociez! Vendez!*, Montréal et Charlesbourg, Éditions Transcontinental et Fondation de l'entrepreneurship, 1996, 268 p.

SAMSON, Alain. *J'ouvre mon commerce de détail*, Montréal et Charlesbourg, Éditions Transcontinental et Fondation de l'entrepreneurship, 1996, 268 p.

SPIEGEL, Jill. *Flirting for Success*, New York, Warner Books, 1994, 183 p.

STEINMETZ, Lawrence L. *How to Sell at Prices Higher Than Your Competitors*, Boulder, Horizon Publications, 1998, 222 p.

TRACY, Brian. *Advanced Selling Strategies*, New York, Simon & Schuster, 1995, 429 p.

UNDERHILL, Paco. *Why We Buy*, New York, Simon & Schuster, 1999, 256 p.